从昙华林到桂子山
——华中师范大学校史简明读本

赵凌云 主编

华中师范大学出版社

编委会
主　任：赵凌云　郝芳华
副主任：彭南生　夏立新　彭双阶
　　　　陈迪明
委　员：刘宏达　万才新　杨　军
　　　　韩君华　王志彬　廖卫鹏
编写人员：薛平军　夏守信　曾　艳
　　　　叶　雷　曾艳梅　杨青松

从昙华林到桂子山

——华中师范大学校史简明读本

序

每年九月，一批学子汇聚桂子山。他们进校后的第一课，是聆听学校前辈校史报告，这已经成为华中师范大学新生教育的传统。这样安排，是因为老桂子山人有责任和义务帮助这些青年才俊扣好踏上桂子山后人生的第一颗扣子，强化身份认同，传承学校文脉，担当未来责任，做优秀的"华师人"。老校长章开沅先生说，"历史是画上句号的过去，史学是永无止境的远航"。学习校史，不仅要了解学校的历史和变迁，更要从中汲取成长的养料，让前行的脚步更加坚定、更加自觉。于学生而言，学习校史的过程，就是与华中师范大学先辈贤达对话的过程，是"寻根""承脉"和"立标"的过程。

开启寻根之旅，感悟华师历史，弄清楚自己在哪里。华中师范大学作为一所历史悠久、底蕴深厚的百年学府，从1903年文华书院大学部开办至今，已经有118年的办学历史。学校在演进过程中形成了一体多元的发展脉络。华中大学、中华大学和中原大学多元结合为学校的前身,而这三所学校分别是华中地区的教会大学、中国近现代史上第一所私立大学、刘邓大军南下过程中创建的革命大学。学校薪火相传、不断发展嬗变的过程,从多个角度见证中国近现代高等教育的发展,既传承、赓续传统文化,又吸收、借鉴外来文化,并融入红色基因,这在一定程度上映照了近现代中国社会转型和崛起的进程。同时,华中师范大学与中国高等教育发展共命运,新中国成立以前,华中大学三度搬迁、辗转八千里至云南大理喜洲办学。中华大学历尽艰辛西迁重庆。中原大学南下。尽管都颠沛流离,但一直弦歌不辍,它们是中国高等教育的一个缩影。华中师范大学的办学模式和发展路径几度变化。早年师范教育采用英美模式,新中国成立以后,开始采用苏联模式,后来走中国化道路。下一步,我们将采用什么模式?怎么样在国际教师教育中有一席之地?这既关乎学校发展的定位,也关乎个人面向未来教育的选择和努力。作为华师学子,要从历史中寻找启示,在历史的嬗变中做优秀薪火的传承人。

传承历史文脉,体味华师精神,弄清楚自己是谁。每一所大学都有其独特的大学精神。华中师范大学的精神,是积淀着百余年办学理念和价值追求的独特意识和气质。2003年,学校百年校庆时,在充分讨论、集思广益取得共识的基础上,将华师精神提炼为"忠诚博雅、朴实刚毅"。华师精神体现了华中大学悲天悯人的终极关怀、文章华国的醒世情怀,彰显了中华大学救国救民、振兴中华的民族情怀,中原大学革命建国的红色文化。三元文化交汇发展至华中师范学院,最终汇聚成多元的师范文化。华师精神之忠心而至诚、博大而高雅、质朴而坚实、刚强而弘毅的精神更体现在学校历史上的创办人、学术大师和杰出校友身上，他们是华师的灵魂和灯塔，他们铸就了华师的品格，并代际传承至今。校友恽代英就义前留下的"留得豪情作楚囚"所宣示的气度和境界，中华大学创始人陈时毁家兴学所闪烁的家国情怀，"大别山师魂"汪金权"让学生踏着我的身躯走向希望的彼岸"所表达的教师对教育事业的忠诚和无悔，韦卓民、钱基博、桂质廷、张舜徽、张光年、夏雨田等先贤昭示的为国尽忠的爱国精神、严谨求实的科学精神、广博高雅的人文精神、自强不息的奋斗精神等。这些精神标识都是有形的规范和无形的动力，华师学子和校友从他们身上寻找到属于自己的学识依托和精神家园。

树立前行坐标，校准未来方向，弄清楚自己怎么学。"与历史对话，参与历史创造"，这是章开沅先生倡导的参与史学的要义，"与历史对话"是途径，"参与创造历史"是目的。上好桂子山的第一课，关键当是在学习中有所思、有所悟，进而将所思所悟内化于心、外化于行，形成恒久性的人格特质。上个世纪末，在筹备百年校庆的前夕，学校提出"把一个什么样的华师带入21世纪"的问题。今天，我们也要问"即将进入第二个双甲子的华师将如何面向未来"。这实际上也是书写新的历史，给后人以历史性的交代。为此，全体华师人要"登高望远"。"登高"，就是要站在华中师范大学双甲子发展的历史高度上，共筑华师未来梦；"望远"就是面向未来，在新的发展起点上，如何把华中师范大学推上新的更高台阶。作为华师新的建设者和生力军，我们的职责和使命应该是成为华师形象的守护者、华师发展的建设者和华师力量的贡献者，以成就自己最美好的桂子山时光。

《从昙华林到桂子山——华中师范大学校史简明读本》，依据不同历史时期和历史阶段，从"历史概览、名师名家、风物逸事"三个方面进行讲述。这种小切入、大格局，小故事、大时代，小视角、大情怀的设计，意在将校史个案与校史的通性有机结合起来，追寻教育先哲的足迹，聆听华大前人的心音，展现华中师范大学的过去和当下，给过往留一份写照，给未来留一份记忆。

是为序。

赵凌云

目 录
Contents

校史概览……………1

04 / 第一章　华中大学
　　一、历史概览……………4
　　二、名师名家……………29
　　三、风物逸事……………40

54 / 第二章　中华大学
　　一、历史概览……………54
　　二、名师名家……………67
　　三、风物逸事……………81

94 / 第三章　中原大学教育学院
　　一、历史概览……………94
　　二、名师名家……………102
　　三、风物逸事……………106

114 / 第四章　华中师范学院
　　一、历史概览……………114
　　二、名师名家……………122
　　三、风物逸事……………134

143 / 第五章　华中师范大学
　　一、历史概览……………143
　　二、名师名家……………152
　　三、风物逸事……………164

参考文献……………182

后记……………184

校史概览

华中师范大学的前身主要是华中大学、中华大学、中原大学教育学院。

华中大学是一所教会大学，其源头可追溯到1871年美国基督教圣公会在武昌昙华林创办的文华书院。早期的文华书院虽然为传教士所创办，但其性质与中国传统的私塾差别不大。经过30多年的发展，1903年，文华书院正式设立大专班，类似于大学专科性质。1909年5月文华书院在美国哥伦比亚特区注册，学校正式更名为"文华大学校"。1924年由美国圣公会牵头联络其他几个教会组织的学校，决定以文华大学为基础在武昌成立新的华中大学。1924年11月1日，华中大学正式开学，其组织结构、教学方法、课程设置、学位授予等均为英美大学模式。

中华大学是近代中国开明举人创办的一所私立大学。1910年，湖北黄陂人陈宣恺在武昌的府后街租用民房开办了中华学堂，这是中华大学的源头。1912年陈宣恺的儿子陈时动员父亲、伯父捐钱捐物，于1912年

9月成立中华学校。1915年3月，私立武昌中华大学获教育部批准立案。1916年，中华大学已拥有附小、附中、大学预科、本科四个层次的较为完善的一条龙教育机构。在陈时的苦心经营下，20世纪30年代，中华大学发展迅速，在校生规模达2000余人，为全国少有，在私立大学中，办学质量和声誉可与南开大学比肩。

中原大学是一所典型的革命大学，由中共中央中原局、中原军区创办。解放战争三大战役以后，人民解放军的攻势更加凌厉，国民党反动政权已岌岌可危，建设一个新生的人民政权指日可待，为新中国培养一大批建设者和干部队伍的任务迫在眉睫。1948年7月，经刘伯承、邓小平等提议，陈毅、张际春等与投奔解放区的河南大学进步教授嵇文甫、王毅斋、罗绳武等积极筹建，1948年8月，中原大学正式成立，陈毅兼任校长。

1949年年底至1951年年初，中原大学陆续开办了文艺学院、教育学院、财经学院、政治学院、民族学院。1949年12月成立的教育学院先后开办了政治、历史、教育行政、俄文四系以及实验工农速成中学（华中师范大学第一附属中学的前身）。1953年初，根据形势发展和中央要求，中原大学解散重组。

新中国成立后，中央人民政府对高等院校进行了较大规模的调整。1951年8月，中原大学教育学院与华中大学合并，改制为公立华中大学。1952年9月，私立中华大学部分并入公立华中大学，之后又先后将湖北教育学院、广西大学生物系、海南师范专科学校图书科、华南师范学院历史系、南昌大学俄文系并入公立华中大学。是年11月，新的华中大学改制为华中高等师范学校。1953年10月，华中高等师范学校定名为华中师范学院，面向中南五省招生，主要为中南地区培养中等以上各类学校师资。改革开放以后，1985年8月，国家教育委员会批复华中师范学院更名为华中师范大学。

目前，华中师范大学共有30个学院（部），70个本科专业，面向全国招生，在校生规模达32000余人，其中本科生18000余人，研究生11000余人，留学生2900余人。现有教职工3800余人，其中专任教师近2000人。

第一章 华中大学

一、历史概览

华中师范大学的前身，最早可以追溯到美国基督教圣公会1871年在武昌县华林创办的私塾性质的文华书院。文华书院后于1903年成立大学部，是华中师范大学110多年历史的发端。文华书院后发展为文华大学，并在五个基督教差会的协办下发展为私立华中大学。

（一）从文华书院到文华大学

文华书院创办于1871年，它是西方基督教向东方扩张传教的历史产物，也是近代中西文化冲突交汇的时代产物。

1840年鸦片战争后，《南京条约》以及随之而来的一系列不平等条约的签订，使西方传教士们获得了自由进入中国内地传教、购置土地、设立教堂等特权。在建教堂、办教会、开医院、播"福音"的同时，传教士们吸取了文化冲突的历史教训，借鉴了"学术传教"的历史经验，在中国沿海、沿江地区相继办起了一些具有私立性质的教会学校。主持创办文华书院的美国圣公会（The American Church Mission），就是在这种历史背景下将其势力影响扩展到了九省通衢的武汉。

1868年，美国圣公会文惠廉（William Jones Boone）主教在中国籍牧师颜永京的陪同下抵达武昌，购置了武昌城东北角昙华林的一块土地，作为后来文华书院的第一块地产。不到两个月，他们在这块土地上建成一座小教堂，当年圣诞节正式启用。由于有在华中地区开展宣教工作的开创之功，1870年10月28日，颜永京升任为圣公会汉口教区的会长。他

圣公会驻华第一任主教文惠廉

旋即积极参与筹办作为圣公会上海圣约翰书院的姊妹学校——文华书院。1871年夏，文惠廉再度来汉并逗留了十天，促成了这所圣公会男童寄宿学校的兴建。三个月后，一栋带有起居室和厨房，占地面积约80平方米的二层楼房建成。为了表示对1864年逝世于上海的老文惠廉主教的永久纪念，学校定名为"The Boone Memorial School"（译作"文氏学堂"或"文氏纪念学堂"）。

1871年（清同治十年）10月2日，只有一名教师杨用之的文华书院正式开学。虽然学校不仅免收学费和住宿费，而且给予

衣食和津贴每人每天6枚铜钱，以此吸引穷苦人家的孩子，但由于当时中国民众对外国教会及传教士普遍存在反感，故生源甚为缺乏。原定30人的招生名额，10月2日开学时，仅有5名男童入学。1872年11月，学生增加到24人。1873年，学校有了正式的中文校名"文华书院"，除了纪念美国圣公会第一位来华主教文惠廉外，也含有高尚典雅的中文"文章华国"的意思。

早期文华书院的新生

1890年，文华书院升格为实行新式中学教育的教会教育机构，学制改为全程六年，每学期期末还举行一次考试。学校一年两假，暑假两个月，寒假即新年假一个月。1890年在热爱教育事业的庄斯顿夫人（Mrs. W. S. Johnston）的资助下，英语部暂时设立起来了，西方历史、地理、数学课程也被引进课堂教学，体育训练也成了每日学校生活的一部分，学校配置了体操房、游泳池、单双杠等体育设施。

第一章 华中大学

1894年中日甲午战争后,受到战争的刺激,不少中国人对西式教育产生了新的认识,一些非教徒家庭也开始送他们的孩子来文华书院念书。随着学生人数的增加和学校事业的发展,1896年文华书院首次向社会发布了招生简章。

校训

禮義廉恥

文华书院校训

1903年清政府颁行了第一个新学制，随之在1905年又明令废除科举，中国教育早期现代化艰难地迈上了第一步台阶。正是在这种时代背景下，1901年接任文华校长的詹姆斯·杰克逊（James Jackson，中文名翟雅各），着手准备将文华的教育事业向大学教育阶段推进。来自英国的翟雅各上任后，努力把英美学校先进的办学理念尤其是英国公立学校的传统运用于文华书院的办学中，使得学校发展迅速，校园的文化生活更加活跃。

文华书院校歌

在体育运动方面，学生们星期六下午休息，除了一些中国式的体育游戏，对西方传入的足球、棒球等体育项目也爱好起来，改变了过去那种只是放风筝、踢毽子或在城墙上散步的校园生活状况。1901年，文华还举办了武汉地区第一次校际运动会。同年一份手抄本形式的学校刊物——《文华年鉴》（*The Boone Chronicle*）出现在文华校园内。文华的基督教青年会（YMCA）也组织起来了，这种学生组织在神学学生领导下活动频繁，不仅活跃了校园文化生活，而且还促使学生们走出校门，尽己所能服务社会。星期天晚上，学生们通常进图书馆翻阅有插图的刊物。学校还按照西方习惯来庆祝圣诞节和复活节，借此维系和加强师生之间、毕业生与学校之间的友好联系。

1903年，文华书院的事业上了一个台阶。学校成立了大学部，增设了大学课程，并定学制为三年。大学部成立之初，主要招收由文华书院中学部毕业的学生。随之，文华书院分为正馆（正科，即大学部）和备馆（预科，即中学部），学制改为九年制，即预科（备馆）从初中到高中六年，正馆（大学本科）三年。大学部设有神学院、文学院、理学院、医学院。后来将本科改为四年，全校实行十年制教育。

学校的课程，除中文和英文外，还有数学、地理、历史、理化等。其中，中文教学包括古文、读经和史纲等，英文包括读本、文法和作文，数学包括算术、代数、几何。文华书院在加强课程教学的同时，也加强了学校管理。中学实行领班制，领班由校长从高年级学生中选出，向校长负责，协助校长及舍监管理学生，每周集中向校长汇报一周内学生的操行及学习情况。中学成绩优异者可跳级，不良者则留级。大学实行学分制，学分修满即可毕业。学生集中用餐，食堂纪律同样很严，由舍监管理。学校还设有医药室，一位苏格兰籍医生为学生看病。

1905年秋成立的文华书院学生鼓乐队

1908年成立的学生铜管乐队在训练

1906年书院全部实施英语教学，1907年名为"常胜者队（Ever Victorious Team）"的校足球队成立，中国第一支学生铜管乐队、中国第一个学生合唱团相继在校成立并发展。1912年中国第一支童子军在校成立并在武汉及全国引起社会广泛关注和好评。1906年和1908年文华书院大学部已有两届学生共13人毕业，其中6人于1914年被补授学士学位。1909年5月18日，文华书院在美国哥伦比亚特区注册成功，正式取得大学资格，校名为"文华大学校"，又称"文华大学"。

文华大学校门

经过翟雅各的多方努力，学校还在1911年与美国纽约州立大学校董会达成协议，争取到了学士学位授予权，是年1月15日首次公开进行毕业班学生学位论文答辩，17日首次授予9名毕业生文华大学文学学士学位。又经过几年发展，1914年文华大学开始授予学生理学学士学位。1915年1月29日，文华大学首次颁授硕士学位。

（二）从文华大学到华中大学

20世纪20年代，中国国内虽然内乱不止，但教育事业尚发展迅速，公立大学在政府的支持下，规模不断扩大，质量不断提高。因此在华中地区合力创办一所教会大学，以抗衡迅速发展的中国本土大学再次被各教会组织提上议事日程。1922年初，华中地区基督教各差会都收到了基督教中国教育委员会的报告,即《伯顿报告》。

  1922年2月8日至9日,西方教会组织的美国圣公会、美国复初会、美国雅礼会、英国伦敦会、英国循道会、瑞典行道会等差会派出代表,应邀到汉口美国圣公会鄂湘教区主教吴施德(Bishop H. Roots)寓所开会,决定在武昌开办一所联合大学。出席这次会议的还有基督教中国教育委员会派出的代表——燕京大学校长司徒雷登、华西协和大学华莱士、中国基督教教育联合会秘书盖姆威尔。这次会议要求华中地区两所最主要的教会大学——武昌的文华大学和长沙的雅礼大学联合成立一所新的教会大学,当时文华大学人文科学实力雄厚,自然科学相对薄弱,而雅礼大学则正好相反。4月,出席第一次汉口会议的代表又举行了第二次会议,这次会议同意第一次会议的草案,即确定在武昌筹建华中大学。会议认为,华中大学应设立文、理、神学和医学学科。学校的体制应该是英美教育模式的结合。1923年秋,圣

华中大学当年在武昌城外购置的地产

公会、复初会、伦敦会、循道会、雅礼会5个差会通过了华中大学的规划。是年11月28日,临时管理委员会最终决定华中大学先试办文、理两个学院3年,校址暂设在文华大学的校园西边,文华大学校长孟良佐博士还宣布他已为华中大学购买了6英亩土地作为运动场。

文华大学校、华中大学校门

华中大学代理校长孟良佐

1924年1月，雅礼会由于校址问题在新大学筹建的最后关头宣布退出。1924年春，新大学如期在艰难中筹建。华中大学理事会也正式组成，吴德施主教当选为理事会主席，文华大学校长孟良佐博士被推选为华中大学代校长。

在是年4月的会议上，理事会接受了文华大学的重组报告和划分文华大学和文华中学的建议，即文华大学一部分教师和一部分校舍、校园支持新的华中大学，文华中学则独立出来。由于孟良佐博士已于此前被圣公会主教会议任命为吴德施主教的副手，故不久他便辞去文华大学校长职务，由舒美生博士接任。因此，新的华中大学虽然是5个差会努力的结果，但当时实际只有圣公会、循道会、伦敦会参与，循道会在武昌的博文书院大学部、伦敦会在汉口的博学书院大学部并入华中大学。

11月1日，华中大学正式开学，庆典大会在学校图书馆大厅举行，隆重热烈，理事会成员、教职工和来宾鱼贯而入。在宣读了华中大学的章程以后，理事会、教职工和学生代表分别致辞。11月1日正好是基督教的万圣节，自此以后，华中大学每年的入学典礼和校庆都在11月1日举行，这个传统一直保留到1950年11月1日。

华中大学校徽

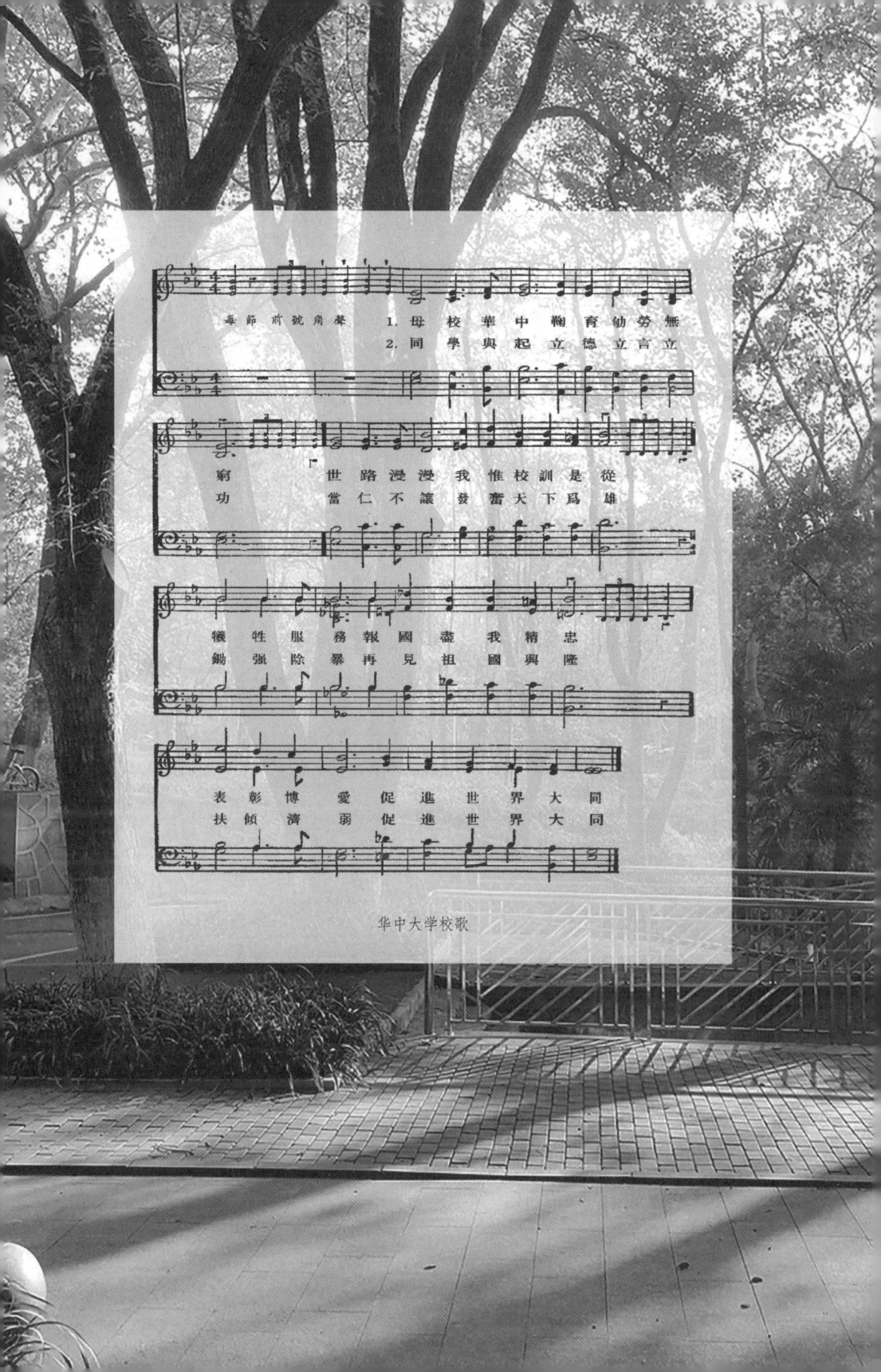

华中大学校歌

1925年中国大地开始了反基督教运动和收回教育权运动，1926年由南而北的北伐战争使得两湖地区受到严重冲击。1927年5月，刚开学不久的华中大学不得已暂时关闭。校长孟良佐给本应于当年6月毕业的学生寄去了毕业文凭，给5月仍坚持在校学习的学生全部给予成绩"D"，并寄给学生本人成绩单副本。时局趋稳后，1929年1月，5个教会差会的代表在武昌开会，再次为重建华中大学达成共识。5月，继而又举行会议，选举韦卓民博士为华中大学校长，在韦卓民从英格兰返回之前，孟良佐任代校长。大会表决通过学校英文名为"Central China College"。各差会就师资、财物等做出承诺。9月，长沙雅礼大学、岳阳湖滨书院大学部正式并入华中大学，华中大学重新开学，计有17位教师和31名学生，设3个学院，即文学院、理学院、教育学院。2年后，3个学院全部建成，韦卓民校长兼任文学院院长、桂质廷博士任理学院院长、教务长薛世和博士兼任教育学院院长。系科设置有中文、历史、英语、经济、地理、宗教、生物、化学、物理、数学、音乐等系。华中大学最好的系科文华图书馆科经过努力，以专科学校的名义在国民政府教育部立案注册，独立出来成为一所专科学校。

华中大学成立之初，文华大学作为一个办学实体仍然存在，原因是华中大学当时没有学位授予权，文华大学的存在便于为华中大学毕业生授予学位。这种现象一直持续到1931年华中大学向中国政府申请注册成功。随着注册完成，华中大学校董会正式成立，一个由15人组成的代表、5个协作差会组织的建校委员会也在纽约成立。设在中国的校董会由24名成员组成，按照规定，校董会成员的2/3为中国公民，事实上无论中外籍董事一直合作得很好，在后来的多年共事中没有发生过摩擦。1932年初，校董会第一次正式会议选举颜福庆博士为董事会主席。校董会通常每年召开两次全体会议，一次在春季，一次在秋季，春季会议主要讨论下一学年学校的预算。韦卓民校长在每次会议召开前都要做大量的准备工作，会后还要将校董会的报告完整地寄交给纽约的建校委员会以及各协作差会在国内外的负责人。学校的最高议事机构是评议会，其职能是：审定学生宿舍的规章制度；审查对违纪学生的处罚；审批校长对教职员的聘任；审核学校的教学安排；审批学校教职员评级、提升以及由一个专门委员会制定的与人事相关的规章制度；在将行政预算提交校董会之前对其进行书面评议等。

1931年，华中大学全体教职员合影

华中大学音乐组师生合影

华中大学女子排球队

从 1929 年重建至 1937 年全面抗战开始西迁广西和云南，华中大学逐步发展完善并取得长足进步。1930 年 6 月，华中大学举行了自 1927 年以来的首次学位授予仪式，给 11 名学生授予学士学位。当年 9 月，有 44 名学生注册。由于华中大学的注册已经完成，从长沙雅礼大学新来的教师桂质廷博士知名度很高且主持理科工作，华中大学很快就吸引了一批高水平的教师。

1931 年夏，武汉受到超历史纪录的大洪水侵袭，文华大学校园成了多达 3000 人的避难所。9 月开学时有 67 名学生注册，此时学校成为拥有完整的四个年级的大学。同年夏，中文系聘用了包鹭宾先生，使得中文系发展成为华中大学的主要院系，而且在武汉高校中有较大影响力。桂质廷博士领导的理学院师资得到很大加强，成为学校最具实力的学院。1932 年 9 月，华中大学开学时有 101 名学生，超过了 1927 年前的学生数。同月，美国复初会委派的黄溥博士来到华中大学，在他的努力下，教育学院在为华中地区基督教中学服务方面取得了很大的进展。

1931 年，武汉洪水泛滥，华中大学学生踊跃参加抗洪防疫工作

华中大学教育学院院长黄溥

1933年，8名学生毕业。1933年9月，注册学生达121人，其中新生50人。1934年6月，12名学生毕业，湖北省省长和教育厅厅长出席了毕业典礼。1933年受西方经济萧条的影响，5个合作差会的拨款额削减，办学经费短缺，学校发展受到制约。同月，韦卓民校长收到美国耶鲁大学和芝加哥大学的教学邀请，校董会决定他出国讲学时，敦促建设校委员会在华中大学办学经费方面承担更多义务，同时决定任命黄溥为代校长。1935年至1937年，华中大学稳步发展，注册学生突破200人，师资力量也超过预期的指标。后来居上的文学院已与实力雄厚的理学院齐头并进。华中大学的声望日益扩大。1936年6月，27名毕业生获得学士学位，这是华中大学建立以来最多的一届。就在华中大学的事业蒸蒸日上时，人们的乐观前景被战争的残酷现实所摧毁，1937年7月7日，日本悍然发动了全面侵华战争。12月13日，南京沦陷，危险直接威胁到武汉，在这种情况下，华中大学有许多人提议西迁。1938年6月，学校为14名毕业生举行了学位授予典礼。在学位授予典礼后，校董会召开会议一致认为必须搬迁且越早越好，并委托卞彭教授和薛世和教授赴西南寻找可以用作临时校址的地方，同时，校董会电告在美国的韦卓民，通知他学校即将搬迁并要求他尽快回国，这期间学校由孟良佐出任代校长，桂质廷负责迁校的准备工作。

华中大学理学院继任院长卞彭

（三）战乱中的艰难发展和1949年后的变革

1938年夏季校董会会议后，经卞彭教授和薛世和教授考察建议，学校评议会和校董会批准决定，举校西迁桂林。7月10日西迁师生从武昌启程，乘坐租来的一条带有两条驳船的小火轮，经过5天，于15日抵达长沙；22日从长沙乘火车出发，经衡阳、东安、全州，再乘汽车抵达桂林。历时一个月有余，行程千余里，9月下旬在桂林开学。尽管一路艰辛，但师生仍然将140箱设备和书籍以及300余包必需的行装搬迁到了桂林。这些物资为华中大学后来在西部的立足和发展提供了最基本的保障，使学校能较快地恢复教学秩序，而不像有些内迁学校那样处于半瘫痪状态。由于日军频繁轰炸，加上10月广州和武汉先后沦陷，桂林也难保师生安全，学校临时执委会决定再次迁移至昆明或云南农村。

1939年2月20日,师生乘汽车离开桂林,经广西良丰、荔浦、柳州、大塘、南宁,出境至安南、东塘、谅山,抵达越南河内,再经滇越公路,于27日下午全体抵达昆明。经先期抵达昆明的韦卓民校长的实地考察,学校临时执委会决定再搬迁至大理喜洲镇。3月16日,师生乘车离开昆明辗转至大理喜洲镇。5月1日,在西南喜洲这一边陲小镇开始了华中大学新的学期。学校仍设文学院、理学院及教育学院。

西迁途中在小驳船上授课

在初迁喜洲时,华中大学每个人都经受着艰苦的磨炼。在喜洲最初的几个月里,师生生活相当艰难。当地少数民族的语言对师生来说是"外语",生活用品缺乏,饮食粗简,燃料用的是木炭,春天疾病在师生中流行,由于缺医少药,医疗保健几乎谈不上。在这种恶劣的环境里,学校内外合作得很好,教学工作仍在继续。7月底举行了学位授予典礼,有18人被授予学位。从武昌经桂林到大理再到喜洲,如韦卓民校长所言,"计阅一年学校播迁者再,长征八千里,而总计学生缺课不满六周,占全学年五分之一,员生艰苦可钦佩也"。

华中大学迁入云南大理喜洲,是中国历史上最早的一所位处西部边陲最为僻远的高等教育机构。在喜洲7年多时间,无论教学还是科研,华中大学都有长足进展,其中最值得一提的是对西南边疆历史、民俗、宗教、语言、物产、工业等的研究和开发。包鹭宾、游国恩、傅懋绩、阴法鲁、林之棠等学者把研究的主要方向放在西南少数民族语言和地域文化的研究上,取得了举世瞩目的成果。

华中大学西迁时办的部分刊物

据记载，在短短7年多的时间里，他们发表的引起反响的论文有包鹭宾的《云南土族的种类及其分布》《古易国钩沉》等，游国恩的《云南土族建国史略》《云南土族文化述略》等，傅懋勣的《昆明保保语研究》《摩梭语言之研究》以及阴法鲁的系列古代乐律研究等。其中有两部著作还被称作是学术史上的奠基之作：一部是徐嘉瑞教授的《大理古代文化史稿》，该书全面系统地研究了白族文化，书中多为第一手资料，该书出版后，使白族文化走向世界；另一部是华中大学教授、美国人类学家许烺光和妻子维拉的《在祖先的庇荫下》，该书对喜洲社会的家族、宗教、婚姻习俗等做了深入调查，并以此为背景揭示了中国社会血缘、性格和社会变迁，引起了学术界的广泛重视。这些关于少数民族语言与文化的研究成果，在21世纪的今天也是非常有价值的。

苍山洱海的喜洲，既给华中大学师生提供了战时潜心教学的居所，同时也从华中大学事业的进步中获得了新的文明气息。在华中大学的帮助下，喜洲建起了第一座小水电站。与经济生活的变化相应，地方上的文化教育也有了极大变化。华中大学的到来，使得当地教育质量有了前所未有的提高，不仅有了两所完全小学，而且男女同校，彻底改变了以往封建闭塞的状态。在大理7年多的时间，华中大学共招收云南籍学生300多人，其中以大理、洱源等县的学生最多。这些云南地区的学生毕业后，大多到省内外文化教育、科学技术、商业财贸系统工作，他们中的许多人，相继成为各行业各领域的专家、学者。鉴于华中大学在战时的事业成就与贡献，1944年11月，为庆祝华中大学校庆20周年，国民政府主席蒋介

第一章 华中大学

石、立法院院长孙科、云南省主席龙云、湖北省主席陈诚等人，纷纷题词致贺纪念。

华中大学当年在喜洲的校园

部分学生在喜洲校舍后院树林合影

大慈寺——华中大学当年在喜洲的校部

1945年8月，抗战胜利结束的消息传至喜洲，学校临时执委会决定缩短假期，加快教学进度，争取尽早返回武昌，并组建了一个运输委员会，负责制订返回武昌的计划。1946年4月17日，华中大学第一批师生由文学院院长骆传芳率领出发，一周后第二批师生由黄溥率领离开喜洲，举校返回武昌。夏，全体师生安置进原华中大学校园临时住房，并接受政府拨款加快房屋修建。9月，开始了返回武昌后的第一学年。

1946年，学校有2000多人报考，300名新生被录取。文学院下设中国文学系、外国文学系、经济商业系、历史社会系、哲学心理系、宗教组；理学院下设物理系、化学系、生物系、数学组（后改为数学系）；教育学院下设教育学系、音乐组（1947年增加教学系、体育组），新增课程为神学课。1947年，华中大学注册学生接近500人。1948年，注册学生达到572人。

1946年1月的武汉运动会上，华中大学经济系学生杨印生荣获一百米、两百米、跳远三项冠军

战后,华中大学与各教会联办差会的关系得到加强,各教会出资或出师资大力支持学校的发展。雅礼会曾是华中大学最大的支持者之一,战争期间因资金短缺一度减少了拨款。当韦卓民在访问美期间拜会该差会总部后,后者决定以人员支持方式代替年度拨款。1950—1951年度,雅礼会重新恢复年度拨款。美国复初会、英国循道会、美国圣公会、英国伦敦会、福音同寅会都增加了华中大学年度拨款。最大的财政支持来自中国基督教大学校董联合会,没有它的额外资助,华中大学就很难正常运转。大不列颠中国基督教大学联合会也提供了援助,他们在汉口的一家英国商号每月也给学校一小笔捐款。

历史系1947级学生、地下党员陶汉芬在街头教唱革命歌曲

1949年5月16日武汉解放,华中大学师生纷纷走上街头,欢迎解放军进城。1949年秋季报考学生人数不多,注册学生降至500人以下。9月学校工会成立,由教职工和学生组成。11月1日,学校举行建校25

周年、重建 20 周年校庆纪念会。1951 年西方教职工陆续回国。是年春，学校基本上由人民政府领导。

　　随着新中国的诞生和社会主义经济建设高潮的到来，改造旧大学、建设新大学的任务被提上了党和政府的议事日程。因此，从 1950 年底至 1951 年初，全国各地开始了接收、改造各级各类旧学校和从帝国主义手中收回教育主权的教育改造工作。基于这种客观形势的要求和改造旧教育的需要，中南军政委员会开始酝酿以中原大学教育学院为基础，在改造旧大学的基础上，建立一所规模较大、学科齐全的综合性师范大学。

经过协商和筹备，1951 年 8 月 16 日，中南军政委员会正式决定，中原大学教育学院与私立华中大学合并，改制为公立华中大学，并成立了以潘梓年为主任委员、韦卓民和王自申为副主任委员的华中大学改制委员会。1952 年 9 月，公立华中大学进入高校院系调整和发展阶段，学校规模日益扩大，10 月改名为华中高等师范学校。

二、名师名家

钱基博

钱基博先生是一位传统的中国知识分子。他出身世儒，5岁由长兄子兰授课，9岁就修完四书五经，并能背诵《易》《书》《诗》《周礼》《礼记》《左传》《古文翼》等。13岁读《资治通鉴》和《续资治通鉴》，先后将2部巨著圈点7遍，又精研《读史方舆纪要》。1903年撰《中国舆地大势论》，发表于《新民丛报》上。

钱基博（1887—1957），江苏无锡人，文学史家、教育家。

钱基博先生一生节俭，饮食清淡，不喜欢肉食；蔬菜主要靠自己家里种，很少买；衣服、鞋子都是妻子亲手缝制；爱惜粮食，看见浪费粮食者就会毫不客气地予以训斥。为约束自己的生活，他承诺"五不原则"，即不纳妾、不狎邪、不赌博、不饮酒、不吸纸烟，并且终身坚守。他为人耿直，刚正不阿。

在第四中山大学国文系改组期间，钱基博先生负责挑选教授和副教授的工作，有一人持蒋介石的信来求职，他说："总司令给校长的信，我不敢看，不过我觉得总司令可以委任一军长、师长，而没有资格聘用一小学教员；因为不在他职权以内……"老先生的一言一行中，中国传统知识分子的骨气和性格昭昭可见。

钱基博先生还是一位关注现实的爱国知识分子。1925年，钱基博在上海圣约翰大学任教时发生五卅惨案，校长美国人卜舫济阻止学生在校内降半旗为死难者致哀，激起全校师生的义愤。卜舫济召开教授会议，以开除爱国学生相威胁。钱基博在会上痛斥卜舫济压制学生爱国运动的罪行，要卜舫济公开向中国人民谢罪。为了抗议卜舫济对中国人民的侮蔑，在钱基博先生带头下，全校华籍师生纷纷自动离校。1935年，日寇入侵，华北危急，他与马相伯、郑振铎等270人联名发表《上海文艺界救国运动宣言》。抗战爆发后，他为《国命旬刊》撰写发刊词，呼吁国人同仇敌忾。为了配合抗战建国的国策，他毅然受聘于条件异常艰苦的国立师范学院，而且还为全院师生作了题为《为人师者以赴国难》的演讲。为了抗战，他尽其所能，给学生开兵课，给士兵讲兵学，为现实著译兵书，为时局提用兵建议。1944年长沙失守，日寇长入腹地，兵临城下，国立师范学院奉命西迁溆浦，而先生自请留守，欲以身殉。钱基博对儿子钱锺书和其他老师说，国土不断沦陷，形势危急，老师应该站出来，为学生做榜样。

钱基博先生是一位文史兼治的大儒。他不仅构建了国学的框架，对国学的源流、定义、内容、书目都有详细的阐述，而且成就卓越，见解独特，论述精辟，《国学文选类纂》《国学必读》《今日之国学》《十年来国学之商兑》等即是其代表性著作。他学贯四部，对经史子集均有深入的研究，且建树颇多，代表作有《经学通志》《文史通义解题及其读法》《读〈庄子·天下篇〉疏记》等。他的文学史研究，影响广泛，《中国文学史》《现代中国文学史》称得上是中国现代学术史上的经典之作。

钱基博先生还是一位学贯中西的通儒。他学识渊博，著作等身，对群经、诸子、古史地学、古典文学理论等无不精通，造诣深湛；对文字学、版本学、兵学、教育学、博物学等均有涉猎，皆有研究。在经史诸子和文献学研究方面，虽多是应教学之需而写的，但其考证源流的学术传统和严谨求实的现代科学品格则显而易见。

1946年，钱基博到华中大学任职。1950年春，钱基博将历年购置的5万余册藏书全部捐赠给华中大学，1952年又将平生收藏的殷周至明清的甲骨、铜玉、陶瓷、货币、书画等文物212余件捐赠给了华中高等师范学校，并亲自撰写了赠品说明书。钱基博先生所捐赠的图书、文物的经济价值固然是巨大的，然而其精神价值更是无限的，他那颗对祖国的赤诚之心，他那不朽的道德文章，会永远光泽后人。2011—2016年，华中师范大学出版社几乎每年一辑推出《钱基博集》，截至2016年年底，已出版5辑23部（24册），使得一代国学大师钱基博先生毕生的学术成就大略可睹。

韦卓民

出身于经营银行与商业望族之家的韦卓民，1911年以最高荣誉生毕业于美国基督教圣公会主办的武昌文华大学，被破格聘为该大学的国文教员。在任教期间，他在职攻读硕士学位，以一篇用英文撰写的论文《孟子的政治思想》而获得硕士学位。1924年秋，文华大学、博文书院等校合并为华中大学，36岁的韦卓民被推选为副校长兼教务主任。1929年，韦卓民被选为复校后的华中大学校长，直到1951年卸任。

韦卓民不仅有坚定的信仰，而且还有一颗滚烫的爱国之心。他先后赴哈佛大学、伦敦大学、牛津大学、巴黎大学、柏林大

韦卓民（1888—1976），广东香山（今珠海市）人，哲学家、教育家、翻译家、逻辑学家。

学等著名学府进修深造，师从霍金、霍布侯斯等学术大师。在担任华中大学校长期间，他曾三次应邀到欧洲讲学、访问，还被聘为哈佛大学、耶鲁大学等名校的主讲和客座教授。每次出国讲学，他都带着为学校筹款的任务。他利用募集的资金，为学校买地建楼，邀请名教授来校执教，可自己的生活极其简朴。对学生和老师，他总是关爱有加。1944年，华中大学中文系包鹭宾先生不幸英年早逝，作为校长，他多次到包家探望，并告诉包夫人，学校对包家今后的生活和子女教育已作周密考虑和妥善安排。当时在华中大学生物系任教的吴醒夫先生在《华中大学迁滇与韦卓民》一文中回忆说："学校在喜洲办学8年，直到抗战胜利，于1946年复原武汉。这段时期的办学经费都是韦校长用他的口'讲出来'的，但他穿着有补丁的破西服，吃着粗茶淡饭，维持着这个大学。他募集来的钱，每一文都用在学校工作上。"

为了把华中大学办成武汉甚至中国有影响的教会大学，韦卓民把华中大学的办学特色定位为"小规模高质量"。为此，他通过各种办法网罗人才，聘请了一批当时国内的顶尖专家来学校任教，如楚辞学家游国恩教授，文论学家包鹭宾教授，社会学家许烺光教授，物理学家桂质廷教授、卞彭教授，教育学家黄溥教授、胡毅教授，化学家张资珙教授、徐作和教授等。他还经常邀请国内外著名学者来学校作短期访问和讲学,如李约瑟博士、费正清教授及著名作家老舍、哲学家冯友兰、数学家熊庆来等。正是有了这支高水平的师资队伍,华中大学的教学质量不断提高,蜚声海内外。

韦卓民在长期的办学实践中,还建立了一整套独特的教学和管理制度,如甄别考试制、校舍制、中期考试、毕业总考等制度。根据甄别考试制,华中大学的学生一入学便要进行摸底考试,外文水平相近的学生被分在一个班,分别上不同的课。学生进入三年级之前,还必须参加中期考试,科目包括普通英文、普通国文和两种主修课目。四科成绩皆合格,且各科平均成绩为六十七分以上者,才能进入三年级,否则要重修或补考,补考不及格者勒令退学。为了解学生思想,指导学生学习,加强对学生的管理,韦卓民还借鉴英国的做法,在学校里推行导师制。一、二年级的学生有生活和一般业务导师,三、四年级的学生有专业导师。导师每月必须和学生共进一次晚餐,以密切关系。

1949年春,国民党大势已去。当时的湖北省主席和省教育厅建议华中大学内迁桂林,而坐镇武汉的白崇禧则要求学校撤离。韦卓民却在全校动员会上公开表示,华中大学不内迁。他给老师加发两个月薪水,制定应急预案,稳定了师生情绪。韦卓民说:"不迁了,我们和解放军有过接触,他们有良好的纪律和礼貌,这是在旧政权士兵中没有见过的现象。"就这样,韦卓民将华中大学一切设施保存完好,完整地交给了国家。

韦卓民既是校长,也是一名优秀教师。他一生没有脱离教学,不管行政工作多么繁忙，仍坚持讲授逻辑学、中国哲学史、西方哲学史等课程。1951年，华中大学改为公立，之后与其他学校合并成立华中师范学院，韦卓民先生成了一名普通的逻辑学教师。尽管如他所说"房子越住越小，车子越坐越大"，但他乐得其所，潜心于教学、科研之中。1976年春，他还拄着拐杖从住地昙华林来到桂子山，表示要把《黑格尔〈小逻辑〉评注》写完，可是没过几天，偶患感冒的他便悄然去世了。他没有留下一句遗言，但他留下了大量的遗稿和笔记，留下了为世人所敬仰的巨大精神财富。

据现已收集到的资料，韦卓民先生的著译达一百多种，计七八百万字。其中，政治学、哲学占了相当大的比重，特别是对康德哲学的翻译和研究，至今仍是学术界公认的经典。2016年，共计11卷720万字的《韦卓民全集》由华中师范大学出版社正式出版，它是韦卓民先生一生学术成果的集大成。

桂质廷

据史书记载，我国古代对地磁就有研究，而且处于世界领先地位，但对地磁常量的测量，却落后于国外。从清朝末年开始，在我国境内主持地磁普测工作的没有一个是中国人。直到1931年有一位大学教授在卡内基研究院地磁部的资助下，利用学校的假期，在华北、华南、华西等地区进行地磁巡测工作。到1935年，共测量了94个点。这个首次巡测自己祖国境内地磁常量的中国人，就是著名物理学家、我国地磁与电离层研究领域的奠基人之一、时任华中大学理学院院长兼物理系系主任的桂质廷先生。

桂质廷出生于湖北省沙市市，其父亲是沙市圣公会会长兼教会小学校长。桂质廷幼年即受过洗礼，教名保罗（Paul），先在沙市读小学，后到宜昌美华书院读书。1909年到上海，先在圣约翰读中学，后又进入大学读了2年。

1912年，桂质廷以总分第一的成绩考入北京清华学校高等科文科。1914年被保送留美，进入耶鲁大学，先学文科，后转学理科。1917年获学士学位，随即进入芝加哥大学读研究生。1919年进入康奈尔大学继续学习，1920年获硕士学位。1923年，桂质廷在长沙雅礼大学任教

桂质廷（1895—1960），湖北青山（今武汉市青山区）人。著名物理学家，中国地磁与电离层研究领域的奠基人之一。

时，由洛克菲勒基金奖学金资助，再次到美国普林斯顿大学深造。在该校，他曾随著名物理学家K.T.康普顿（K.T.Compton）研究气体放电和紫外光谱，于1925年获得博士学位。其论文《在氢、氮和氢、汞、氮混合气中的低压电弧的特性和光谱》发表于1925年美国的《物理评论》上。

1925年桂质廷学成回国，先后受聘于多所高校。32岁受聘为教授，33岁担任物理系主任，20世纪40年代初期成为部聘教授，连续主持华中大学理学院和武汉大学物理系工作多年，并受聘为国际学术期刊 *Journal of Geophysical Research* 的编辑。

桂质廷在大学执教近40年，为国家培育了一代又一代的专

门人才。他的许多科研成果都是在华中大学工作期间，在极其艰苦的条件下完成的。除了地磁常量的巡测以外，他和他的学生宋百廉一道，在华中大学校园内做常规的电离层垂直探测。当时正值抗日战争时期，武汉经常遭到空袭，他们克服重重困难，取得了1937年10月至1938年6月共9个月的探测记录。这是我国首次对电离层的常规观测和研究，并取得了两项突破性的成果：一是桂质廷先生几乎与美国科学家同时注意并报道了"扩展F层"的重要现象；二是桂质廷先生发现武汉地区F2层临界频率明显超过了按纬度分布的预期值，他把这种现象归结为"纬度效应"，也就是电离层赤道异常现象。桂质廷先生有许多研究成果，除了发表研究论文外，还出版了《地磁极光及电离层》《地磁及电离层电波传播》等专著。他教授过普通物理学、电磁学、光学、无线电、近代物理等课程，他备课认真，讲授亲切、生动风趣。他对待学生和蔼可亲，作风民主。他提倡自学，鼓励深入思考钻研。新中国成立初期，高等学校采用苏联的教学大纲，基础理论课程内容比之前大为增多。一些新任课的青年教师反映过去学少了，很多内容不熟悉，要求为他们补课。他耐心地以身说法开导这些教师应在工作中学，边干边学。60岁时，他仍参加俄文学习，和学生一样随班听苏联专家的讲学，从不缺课，为青年教师做出了表率。

1930年时华中大学在自然科学方面并没有多少声望，知名度较高的桂质廷先生带着雅礼大学的理科研究设备来到华中大学，很快就吸引了一批高水平的教师，而且还建立了一个机械车间，制作了大量的实验仪器和设备。1935—1936 年,桂质廷先生在美国从事研究工作的同时,还与华盛顿的卡内基研究所取得联系,回国时带回了一批新仪器,在华中大学建立了一个地磁和电离层的研究所。对于学校的事务,桂质廷先生也是身体力行。抗日战争爆发后,华中大学校董会决定西迁桂林,桂质廷先生组织了一个由留在武汉的教职工组成的委员会,选择应带走的仪器和图书,并将它们装箱打包。他借卡车、租轮船,通过水路、公路和铁路,甚至绕道越南和滇缅公路,带领华中大学的师生们历经桂林、昆明和大理等三次搬迁,才得以在大理喜洲镇安家。在他和另外两位先生的安排和组织下,一切都有条不紊。一个知名教授,为学校的迁滇默默地做了许多具体而繁杂的事务工作,实为学界佳话。

游国恩

1941 年 10 月,著名作家老舍应邀到华中大学演讲。老舍在他的《老舍自传》中记载了此行:"到大理,我们没有停住,马上奔了喜洲镇去。大理没有什么可看的,不过有一条长街,许多卖大理石的铺子而已。它的城外,有苍山洱海,才是值得看的地方。到喜洲镇去的路上,左是高山,右是洱海,真是置身画中。喜洲镇,虽然是个小镇子,却有宫殿似的建

游国恩(1899—1978),江西临川(今抚州市临川区)人。著名楚辞研究专家、文学史家、北京大学一级教授。

筑,小街左右都流着清清的活水。华中大学由武昌移到这里来,

我又找到游泽丞教授。他和包渔庄教授、李何林教授，陪着我们游山泛水。这真是个美丽的地方，而且在赶集的时候，能够看到许多夷民。"文中游泽丞就是著名的文学史家、楚辞研究专家游国恩先生。

游国恩的祖父是一位秀才，对古文研究很深，为游国恩的启蒙老师。游国恩在老家读完瑶湖小学，1919年于临川中学（今抚州一中）毕业，1920年考入北京大学中文系预科，后转入本科。因为费用的问题，他读大学时生活一度陷入困顿。游国恩的母亲当机立断采取了"邀会"的办法，即聚集数名亲朋好友，每人平均分摊一部分学费，第二年就要多还一些，越往后就还得越多，这在当时江西乡下是一种传统救急方法，只有在不得已的情况下才会这样。1926年游国恩以优异的成绩毕业于北京大学，旋即回到故乡，先后任教于江西省立第四中学、临川中学、江西省立第一女子中学、江西省立第一中学。

1929年受闻一多之聘，游国恩到武汉大学任讲师，讲授中国文学史。1931年又到山东大学（前身为青岛大学）任讲师、教授。后受华中大学邀请，任中文系教授兼系主任。抗战期间，随华中大学辗转至桂林、大理等地。在教学之余，还考察研究西南少数民族的历史、地理和风俗民情，撰写了10余篇论文。抗战胜利后，游国恩一直在北京大学任教。

1949年7月，游国恩应邀参加中华全国文学艺术工作者代表大会，并当选为第一届文协委员。1951年加入九三学社，历任政协全国委员会第三、四、五届委员，九三学社中央委员，中国科学院文学研究所学术委员会委员。1955年被评为一级教授，并任北京大学中文系副主任兼文学史教研室主任。

游国恩先生是享誉中外的文学家、楚辞学研究专家,对中国古代文学,特别是对《楚辞》的研究作出了重大贡献。早在上大学的时候,他就发表了《荀卿考》《陶潜年纪辨疑》等重要论文和专著《楚辞概论》。随华中大学迁至喜洲期间,发表了《火把节考》《说洱海》《南诏用汉文字考》《文献中所见西南民族语言资料》等文章,为云南民族文化的系统性研究开辟了道路。他的主要学术著作有《先秦文学》《读骚论微初集》《屈原》《楚辞论文集》《离骚纂义》《天问纂义》《游国恩学术论文集》《游国恩楚辞论著集》《中国文学史讲义》等,他还主编和编撰了《中国文学史》《中国文学史教学大纲》《中国文学史大纲》《先秦文学参考资料》《两汉文学参考资料》《陆游诗选》《文章义例》《修辞举例》等。

游国恩先生不仅学问精深,还有着学者的道义风范。1944年夏华中大学中文系包鹭宾先生不幸溘然长逝,全校为之震动。包鹭宾先生平生安贫乐道,故家无遗资,而遗属子女六人,生活难以为继。为此,已经调离华中大学的游国恩先生积极参与料理包先生的后事,撰写《为包渔庄教授遗族募集生活基金启事》,使得包先生遗属的生活及子女的教育均得到了妥善的安排。由于过分悲伤和劳累,游国恩先生急性阑尾炎发作,幸亏及时救治,才转危为安。

三、风物逸事

（一）文华公书林

在 20 世纪初之前，中国还没有一座真正意义上的"公共"图书馆。尽管这个历史悠久的文明古国带有图书馆性质的藏书阁、藏书楼早已有之，藏书之事甚至可以追溯到甲骨文时代，但它们只服务于达官贵人和文人墨客。直到 1899 年 11 月韦棣华女士从纽约来到武昌，这个历史才被改写。

韦棣华此行的目的主要是看望在文华书院任教的弟弟韦德生（Robert E. Wood），但她很快发现文华书院校园内图书资料贫乏，教师与学生无教学参考书籍，在整个武汉也没有一座可供大众阅读的图书馆。于是她发动教员捐献图书，自己到处搜集并自费购买书刊，在文华书院设立了一个小型的图书阅览室。这个小阅览室大受师生欢迎，这使韦棣华认识到，把西方的公共图书馆观念引进到中国，并建立一座大型的新式公共图书馆非常有必

1905 年，文华书院学生参加文华公书林的开工奠基典礼

要。为了加强自己在这方面的知识储备,她又专程返回美国就读于纽约普莱特学院、波士顿西蒙斯学院学习图书馆学。学习之余,她奔走各大学游说,后得到哥伦比亚等大学及教会组织相关人士的大力赞助。1903年,韦棣华带着学到的专业知识和募集的建设款项,回到了武昌文华书院。这一年文华书院大学部成立,文华书院进入了一个新的发展阶段。

韦棣华除了经营文华图书室,主要精力都放在筹建图书馆的工作上。她买下文华书院附近一块叫龚家花园的地皮,并做好了前期建设的准备工作。1905年,文华书院为新的图书馆举行了盛大的奠基开工典礼。

1909年5月,在文华书院正式更名为"文华大学校"的喜庆日子里,图书馆主体建筑完工,新的图书馆被命名为"文华公书林",即为民众化之公开图书馆之意。这个文雅诗意的名字,突出了"公"字,强调

1910年正式对外开放的文华公书林

"公共、开放、公享"的意义。1910年5月16日,文华公书林举行了声势浩大的开放典礼,标志着中国近代第一个真正意义上的"公共"图书馆诞生。

之后,文华公书林经常举办演讲会、读书会、故事会、音乐会等吸引读者读书。1914年又成立了一个流动图书馆,选择一些书籍设点存放于各处的学校及单位,方便读者就近阅读,并且隔几周更换一次,广泛服务武汉市大中学生及广大市民,并向市民阐述和宣传公共图书馆的理念和意义。1914年至1916年,文华公书林还在上海、南京、杭州、开封、太原等城市组织巡回演讲,向民众普及图书馆知识。1921年,由于读者需要和藏书的不断增多,韦棣华派得意门生沈祖荣等到北京、天津等地募捐,又派出文华大学学生赴美演讲筹款,加上她的个人捐款,使文华公书林得以扩建,主楼由原来的两层扩建为三层,并建大型的阅览室和会议室。当时馆藏中文书籍、外文书籍、中英文杂志和古矿物、古生物标本等,数量繁多,种类丰富。

仅仅建立一座公共图书馆不是韦棣华的最终理想,她还要在中国办图书馆教育。1920年3月,文华大学成立图书科,它是中国第一个图书馆教育机构,也是当时文华大学的强势和最受欢迎的专业之一。1930年9月,武昌私立文华图书馆学专科学校成立。1931年韦棣华逝世后,她的学生沈祖荣遵照其临终嘱托,把文华图书馆学专科学校一直办到1953年,作为图书馆学家、图书馆事业家、教育家、近代新图书馆运动的倡导者,中华民国第二任大总统黎元洪称她为"中国现代图书馆运动之皇后"。

(二)文华师生与辛亥首义

1911年10月10日晚,武昌城内一声枪响,惊天动地。武昌首义敲响了中国两千多年封建制度的丧钟，拉开了近代中国比较完全意义上的资产阶级民主革命的序幕。在离武昌首义打响第一枪不远的文华大学，向来民主思想活跃，有许多人为辛亥革命作出了重要贡献，仅史料记载的就有胡兰亭、刘静庵、周苍柏、张纯一、卢春荣、余日章、韦卓民、康明德等。

1905年5月，与文华大学关系密切的武昌美国基督教圣公会会长胡兰亭在文华书院附近的高家巷设立名为日知会的阅览室，陈列书刊，主要供教徒阅读。文华大学正馆（大学部）教师刘静庵被聘为司理，刘静庵此前在武昌新军管带黎元洪手下任职时，就在新军中进行反清宣传和组织工作。此时，他则借此时机，扩大会务，秘密进行革命联络和组织工作，一些新军官兵、青年知识分子等成为日知会的常客。为拓展革命活动，刘静庵又借日知会名义办补习班，补习班每周日开演讲会，宣传革命思想。在刘静庵的影响下，武汉第一个革命团体科学补习所的一些革命党纷纷到日知会参加活动。在此基础上，刘静庵发展成员，建立起秘密革命组织，其名称也为日知会。1906年5月，日知会正式召开成立大会，到会的多达一万多人，刘静庵任日知会总干事。由于日知会的号召力和影响力，成立于1905年的革命团体群学社全部加入日知会。日知会以信仰相同即为革命同志为宗旨，会员发展很快，军界、学界中均有万余人加入，日知会成为当时跨行业、跨省界最大的革命团体。对日知会的发展，孙中山非常重视，东京同盟会总会派员联络，刘静庵等日知会部分成员后相继加入同盟会。正当日知会蓬勃发展时，由于叛徒出卖，1906年10月刘静庵被捕。在狱中，他仍秘密联络同志，开展革命活动。刘静庵被捕后，胡兰亭请求文华大学校长翟雅各及吴德施主教设法营救，刘静庵的文华大学同事张纯一、余日章等也在努力。外国教会组织的干预，终使清廷1907年5月判刘静庵终身监禁，免于一死。但由于他多次遭受严刑拷打，身染沉疴，1911年7月7日病死狱中。

日知会中许多会员后为武昌首义的骨干力量，文华大学教师余日章也是日知会重要成员，他在校内指导学生创办刊物《文华学界》，宣传革命思想并组织学生军。文华大学教师周苍柏、张纯一、卢春荣等参加了同盟会并成为积极分子。特别值得一提的是，辛亥首义军歌《学生军军歌》就是由张纯一作词、余日章作曲的。起先，《学生军军歌》只是作为文华大学的校园歌曲之一在校园里传唱，由于其曲调昂扬奋进，逐渐在广大学生和新军中流传。1906年，他们在文华大学圣诞堂里将其修改练唱后在革命将士中传唱并定为起义军军歌。

日知会部分骨干成员合影

武昌起义胜利后，又是文华大学的外籍教师康明德首次将十八星旗竖立于蛇山上。

据史料记载，康明德、余日章、卢春荣等这些文华大学中辛亥革命的支持者和活跃分子，都先后担任过文华大学中学部的校长。这说明当年文华中学校长不仅是学者，还是反封建斗士和社会活动家。

物理教员康明德先生

（三）翟雅各体育馆

翟雅各体育馆是武昌昙华林历史建筑遗存，也是武汉市现存最早的三座体育馆之一。该建筑为纪念文华大学首任校长、英籍传教士翟雅各而得名，建筑为砖混木结构，风格为中西合璧二层建筑，中式屋面，西式屋身，顶部为中国传统的仿宋重檐庑殿顶，抹角方窗，绿色琉璃瓦。檐角有些夸张地向上翘，明显又有江南园林亭廊建筑的造型。底层为清水红砖墙，内部为中式技术营造空间，传统柱廊，麻石柱基，上有额枋梁头、雀替、柱间单勾栏，建筑面积996平方米。

翟雅各，即詹姆斯·杰克逊（James Jackson），英籍传教士，1882年被美国基督教美以美会派往中国，1888年至1899年曾任九江同文书院院长，1900年加入美国基督教圣公会后在上海圣约翰大学短期执教。自1901年起任文华书院院长，他上任后，致力于扩大学校规模，使学校面积扩展到20英亩，并拥有中学部、大学部完整的教育体系。学生宿舍、图书馆也相继落成，注册学生达到300多名。他引入西式教育理念，开文华大学一代风气，学校的合唱队、鼓乐队、足球队相继诞生，他上任不久就在学校举办了武汉地区第一次校际运动会，他还为1903年文华书院成立大学部并于1909年在美国注册成功作出了贡献。1917年，由于翟雅各年事已高，文华大学校长职务由美籍传教士孟良佐（Alfred Alonze Gilman）接任。1918年4月22日，翟雅各病逝于九江。为表纪念，孟良佐先生提议并主持修建了这座体育馆并以"翟雅各"命名，体育馆主要作学校体育教学和学生室内运动用，偶尔也有中外学者在此讲学，例如杜威、侯仁之等学者就曾在此做过讲座。

该体育馆奠基于1921年4月20日，计划在文华大学50周年校庆时，即1921年10月2日投入使用。

20世纪20年代初期落成的翟雅各体育馆

这座由外国建筑师设计建造的教会学校建筑，从外观看却与中国传统建筑并无二致，中式屋面结合西式屋身，使其兼具东方古建筑的神韵与西方建筑的灵动。翟雅各体育馆的设计和建成时间远早于"中国固有形式"建筑浪潮，是武汉近代教育建筑中将中式形制与西式结构相融合的有力例证，是孟良佐校长请美国基督教建筑师柏嘉敏（J.Van Bergamini）设计的。这位设计师有意识地同中国本土式风格靠拢，充分吸收当时当地的文化，努力寻求中西建筑的嫁接，以便更本土化。因此，翟雅各体育馆的设计在外部形征和细部装饰上多处仿中国古制而作。

华中师范大学档案馆藏《文华大学50周年纪念册》中有翟雅各体育馆内部设计图，由图观之，建筑底层大厅由一条南北走向的走道分隔开来，大部分空间设计为储物柜，并配有凸面镜房、西式淋浴等设施，空间安排紧凑合理，足见设计者考虑之周到。二层为室内运动场，空间宽广。据载地面铺设高级条木拼花地板，这在当时为武汉地区学校独一无二。二层西面外廊的细部设计中国风十足，多采用传统营造手法，外廊设计独具匠心，既可作指挥场馆内赛事之用，也可作为面向外部操场的观礼台和检阅台。体育馆一侧还有两个中式烟囱冲檐而出，整个建筑将西方建筑功能类型、结构技术与中国传统建筑文化及外形相结合，连璧出新，水乳交融。

近百年过去，翟雅各体育馆早已不再年轻，今天，学生们依然在它旁边的操场上进行着丰富多彩的体育活动，而翟雅各体育馆伫立一边，揣着它百年的文史蕴藏，默默注视，像一位历经沧桑的慈祥老人守望着青春与未来。

(四)女生宿舍颜母室

华中大学老照片中,有这样一张照片令人眼前一亮:在一幢西式建筑风格的三层楼房的二楼阳台上,五个女生正兴致勃勃地欣赏着楼下初夏盛开的木槿花,楼顶三个笔力遒劲的颜体大字"颜母室"赫然在目,这就是华中大学女生宿舍。

华中大学女生宿舍颜母室

说到颜母室,就必然要说到近代史上著名的颜家以及颜家两代人与文华大学、华中大学的渊源。早在1866年,美国基督教圣公会便决定在华中地区开展宣教事业。1868年,该教会组织的文惠廉主教在中国籍牧师颜永京的陪同下由上海来到湖北,在武昌城东北角购买了一块土地,建了一座小教堂,这就是后来文华学校的第一块地产。1870年,颜永京升任圣公会汉口教区的会长,他积极参与筹办文华书院。1871年冬,文华书院建成,后颜永京回上海,在圣约翰书院任教。

颜永京的两个儿子颜惠庆（1877—1950）、颜德庆（1878—1942）毕业于文华书院后赴美留学。后颜惠庆成为著名的教育家、外交家、银行家，先后任过清华大学总办、北洋政府外交总长、北洋政府国务总理、天津大陆银行董事长等职，新中国成立后任中央人民政府法律委员会委员。颜德庆是铁路工程师，曾在美国的大学主修铁路工程学，回国后历任粤汉铁路、川汉铁路工程师。

特别值得一提的是颜永京的侄儿颜福庆（1882—1970），他幼年丧父，7岁就寄养在伯父颜永京家，是伯父资助和培养他成为中国著名的医学教育家、公共卫生学家。他是耶鲁大学第一个获得医学博士学位的亚洲人，现在的中南大学湘雅医学院、复旦大学医学院、上海华山医院、中华医学会等，他是主要的创始人。新中国成立后为全国政协委员，第一、二、三届全国人大代表，多次受到毛泽东主席和周恩来总理接见。

颜福庆

由于颜永京与文华书院的关系，颜家一直关注着文华大学的发展。华中大学成立校董事会后，颜福庆兼任了一段时间（1931—1936）的董事长。之后，董事长由孔祥熙博士继任。需要说明的是，在1926年以前，华中大学是不招收女生的，只是在1926年夏华中大学理事会才决定在1926—1927年度开始招收女生，并决定修建女生宿舍。1926年，由于受北伐军围困武昌城的影响，学校直到10月25日才开学，有78人注册，其中新生中有11名女生。由于此时学校还没有女生宿舍，她们只好暂时住在孟良佐主教原先住的房子里。1929年华中大学恢复办学后，规模迅速扩大，修建女生宿舍很有必要。其时，颜氏兄弟的母亲将一笔款项捐给了学校。起先学校决定用这笔钱建筑一栋新宿舍，后研究决定还是将原先的宿舍修缮改造，这样更快些，也适用。不久，宿舍改建完毕后起名"颜母室"（Yen muh Shih），以表示对颜家母亲的敬意。同时，学校还设立了一名女生部主任，作为行政人员管理该宿舍。1933年暑假，学校利用颜家捐赠的余款又对颜母室进行了一次改造，使之更适合女生居住，容纳的人数也有所增加。但是到了30年代后期，随着学生人数的增多，宿舍不能满足学校发展的需要，特别是女生宿舍颜母室超员，华中大学的几个协作差会又都不愿出面解决这一问题。于是，在1937年春，学校董事会决定改造扩建颜母室，并聘请曾在1936年秋全面规划和设计华中大学校园和建筑的美国圣公会建筑师伯格米利（又译柏嘉敏）先生负责设计建设。1937年6月，在纽约的华中大学建校委员会同意扩建计划，伯格米利便着手基建工作，至9月开学不久，颜母室改扩建完工，这便是我们现在在照片上看到的那幢漂亮房子。

1951年，颜母室经改造成为教工宿舍。华中师范大学有不少老教师回忆起二十世纪五六十年代住在颜母室的生活时，还津津乐道。2003年，颜母室被拆除。

（五）朴园与榆园

华中大学的建筑风格和名字也延续着文华大学的传统，有着它的来历和讲究，如文华大学的图书馆叫公书林，教学楼叫多玛堂，男生宿舍叫博育室、思殷堂，女生宿舍叫颜母室。

这些名字都有它们的来历和文化记忆，慢慢咀嚼，都很有味道，当年华中大学的教授公寓朴园与榆园亦是如此。

朴园、榆园为毗邻的两栋小洋楼。1926年，北伐军攻克武

华中大学男生宿舍博育室

朴园　　　　　　　　　　　　榆园

昌后，将老城墙拆除，城墙的土石填平了护城河。1935年，华中大学为发展需要，将紧邻学校的这块官地买下，盖宿舍作教授公寓。当年这块地上相邻生长着两株大树，一株为朴树，一株为榆树，它们枝繁叶茂，郁郁葱葱，在周围的杂草森林中格外显目，于是决策者和建设者们决定依树筑房，让大树在夏天能挡住部分阳光。1936年，两幢小楼落成，系砖木结构二层楼房，木板地面，总建筑面积630平方米。由于很好地利用了周围的自然环境，果然物景相融，房子更显美轮美奂。朴园、榆园名字便自然而成，代代相传。

朴园、榆园虽毗邻而坐，但朴园更有名气，这正所谓"物以人名，人以物名"。国学大师钱基博（1887—1957）曾在朴园居住了11年。抗战胜利后，华中大学从云南迁回武昌。1946年秋，钱先生被韦卓民校长聘为华中大学文学院教授。从此，钱先生一直居住在朴园教书治学，至1957年11月30日逝世。钱先生对华中大学充满感情，1949年年底，他把约5万册藏书捐给了华中大学。1952年，他又将自己收藏的200多件珍贵文物捐给了新的华中高等师范学校。钱先生在朴园期间，其子钱锺书先生、儿媳杨绛先生、孙女钱瑗曾从北京来看望他，并陪伴老人在朴园小住。一些上了年纪的老人还记得当年钱锺书先生和杨绛先生在朴树下帮助老人做煤球的情景。杨绛先生在《我们仨》中对此也有描述。

1952年全国高等学校院系大调整，两园被划为湖北美术学院校产，其间，它们几次险遭拆除，幸亏一些有识之士极力保护才得以保存。2000年，湖北美术学院对两园进行了一次较大修缮。目前，朴园为该院艺术研究所用，榆园为艺术沙龙。

第二章 中华大学

一、历史概览

中华大学是中国近现代教育史上，第一所被当时教育部认可并按现代教育规制兴办本科教育的私立大学。建校伊始，校名为"中华学校"，校址采用租赁形式，选址武昌府后街，随后迁至武昌县华林。1913年4月，"中华学校"更名为"武昌中华大学"，学校首任校长陈宣恺，继任校长陈时。"中华"二字作为校名，寓意"振兴中华"。

（一）陈氏父子创办中华大学

1907年，湖北省黄陂县开明举人陈宣恺送儿子陈时到日本留学。陈时留学期间，其父于1910年在武昌府后街租用民房创办了中华学堂。陈时在日本留学时接受了"教育为救国之本"思想的熏陶，他在加入同盟会后坚定了办学的信念。1911年，陈时学成回国后积极动员父亲变产兴学。

1912年5月13日，陈氏父子在中华学堂原址复办武昌中华学校，开办中学教育，并以这个日期作为学校的校庆日。但在陈时心目中，创办日本应庆大学式的私立高等学府才是他的理想。于是，在学校复办之后，他敦劝父亲与伯父陈朴生续捐田产、白银、官票，作为增办大学部之用。1912年8月，中华学校预科部、专门部、女子部和原设中学招生。9月，学校正式开学，校务实由陈时主持。9月，中华学校依照当时的学制进行调整，增设了小学部。

中华大学简单的教工宿舍

为了实现学校的稳定发展，陈宣恺呈请北京临时政府副总统、湖北省都督黎元洪，申列办学宗旨，请求政府将清廷武昌湖北粮道旧署，划拨给中华学校作为校舍，获批准。后湖北省民政厅又将粮道旧署所属的叶公祠和蒲圻庙划拨中华学校。学校又出资购买了与粮道大巷毗连的房地产，这为之后扩大办学规模提供了保障。

1913年1月16日，教育部颁发《私立大学规程》，开私人或团体创设大学之禁。同年4月，中华学校请求按章将校名正式确定为"私立武昌中华大学"。1914年，教育部专员到校视察，认为中华大学组织健全，教学得法，教学成效显著，为湘鄂仅有，教育部准予其备案。1915年

3月,教育部准予私立武昌中华大学正式备案,陈宣恺为校长兼学校法人代表,陈时为代理人。

1915年7月,中华大学送走第一届毕业生。同年9月,中华大学开办文科本科中国哲学门,此乃开创了我国私立大学依新学制开设大学本科之先例。1916年3月,中华大学又开办法科大学本科经济学门,并经司法部认可。1917年1月,学校再开办商科大学本科交通学门。1917年,中华大学创办人陈宣恺去世,陈时继任法人代表和校长。

(二)中华大学的办学特色

中华大学办学个性突出,形成了一套自己的教育理念和管理方法,具有鲜明的办学特色,校誉日隆。1932年学校20周年校庆之时,在校学生总数超过2000人,其中,大学部学生581人。当时湖北省4所私立高校学生总数为740人,中华大学大学生数占到了78.5%。20周年校庆活动受到社会各界的广泛关注,冯玉祥、张学良、于右任、蔡元培、黄炎培、王世杰、杨虎城、梅贻琦等政府、文教名人或到场演讲,或题词祝贺。

中华大学注重改善办学条件,在经费紧张的情况下积极筹款进行基础建设。1920年开始建新式房屋,先后建起了中大楼、华大楼。1922年,中华大学大礼堂建筑奠基;1925年,新建大礼堂及改建校门落成。1926年1月,开始动工建造四栋学生宿舍,历时五年全部竣工。陈时将校舍按照中华大学校训"成德、达材、独立、进取"分别命名为成字斋、德字斋、达字斋、材字斋。1932年中华大学已建成教室、大礼堂、图书馆、实验室、学生宿舍,基本建筑面积为1.1万平方米,大大改善了办学环境。

第二章 中华大学

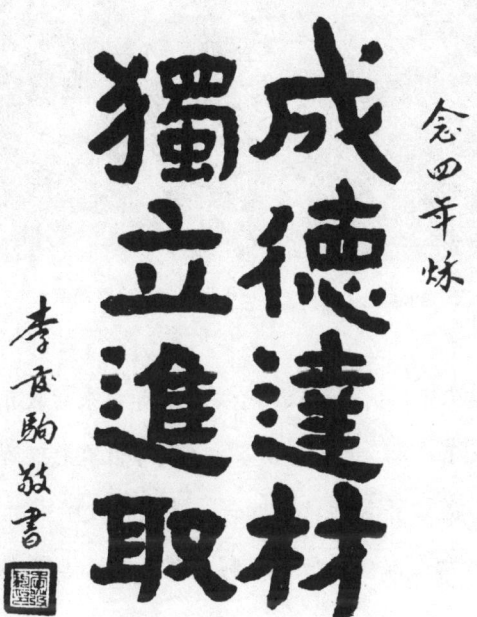

中华大学20世纪20年代的校训

1922年4月6日，中华大学第一次立础纪念

学校继承了中国自春秋孔子兴办私学以来的教育传统，同时还借鉴吸收了日本、欧美等国家兴办高等教育的经验，努力践行教育独立、兼容并蓄的教育理念。学校积极顺应时代变革潮流调整院系结构，例如实行学分制。建校伊始依照《私立大学规

中华大学校徽

程》，根据当时政治、经济、工商业等方面的需要，学科设置注重基础理论学科人才与经济人才培养，形成附小、附中、大学的较为完备的教育体系。1922年学校试行新学制，即中学六年，大学四年。1924年废止大学预科，6月，学校另设大学研究科。1928年，中华大学正式改革学科设置"门"的建制为学院、系两级建制，设有3院13系2科，3院即文学院、理学院、商学院。文学院下设中文、外文、教育、法律、政治系和师范专修科；理学院下设数学、物理、化学系，附设农艺学系；商学院下设经济、会计、银行、工商管理系和市政专修科。

1932年，中华大学部分教职工合影

中华大学校歌

江汉汤汤　　大别苍苍

武昌首义放出五千年历史的光芒

中华大学随中华民国同年诞降

达材成德三民大同与河山俱永

与国族人类以无疆

学校学术氛围浓厚，思想活跃，吸引了大批优秀青年，成为武汉著名的新文化运动中心和湖北地区五四运动的最早响应者。五四运动前后，中华大学不仅聘请了黄侃、刘博平等著名学者和施洋、恽代英、黄负生等进步教师到校任教，同时还聘请了康有为、梁启超、章太炎、蔡元培、马寅初、杜威、何尔康、泰戈尔等一批中外学者来校讲学，在武汉地区兴起了讲学之风。武汉地区五四运动的火种始于中华大学，5月7日，恽代英、林育南在中华大学的运动会上散发《四年五月七日之事》的传单，师生激愤地上街游行宣传。中华大学及附中学生纷纷编印刊物，几乎每班都出了一种刊物，其中，《学生周报》《新声》周刊影响最大。这些传单、刊物激发了社会各界参加反帝爱国运动的热情。5月17日，武汉学生联合会在中华大学宣告成立，中华大学成为湖北地区五四运动的指挥部。1920年2月，陈时校长借家具支持恽代英、林育南、黄负生等创办由学校转到社会上宣传新思想、新学说的利群书社开业。他参加书社的活动，到书社做演讲，表示要和青年们"异途同归，振兴中华"。五四运动前后，在新文化运动的影响下，在陈时校长的热情支持下，中华大学涌现出了恽代英、黄负生、刘子通、林育南、萧鸿举、唐际盛、曹学楷、陈学渭等一大批优秀青年。

20世纪20年代，学校积极开展平民教育，推动职业教育。陈时校长有感于平民教育是普及教育的初步，于1923年秋发起并组织了湖北省平民教育促进会。中华大学还开办了平民教育试验学校、平民夜校。为了使更多有才华的青年受到教育，学校贯彻平民教育思想，免费或少收费招收穷苦人家孩子入学。

在兴办高等教育、开展平民教育的同时，学校还积极推动职业教育。职业教育的目的是使无业者有业，有业者乐业。1924年，陈时担任了中华职业教育社的干事长。5月26日，中华职业教育社第七届年会在武昌开幕，陈时任主席并致开幕词。陈时还先后参加了在武汉召开的第四届全国职业学校联合会和中华职教社征求会员大会，把职教活动推向高潮。

（三）抗战西迁和1949年后的解散

1937年，日寇发动了全面侵华战争，中华大地难有一张平静的书桌。1938年，武汉告急。陈时校长一方面积极组织宣传抗战，一方面考虑学校的去向。在谋划考虑学校迁移期间，陈时以民族大义为重，毅然拒绝了日本内阁要员重光葵以"友人"身份致信挽留的邀请。1938年10月，在经过与校董会的商量和陈时的实地考察后，中华大学迁至宜昌小溪塔，同年12月又迁至重庆。西迁重庆初期，中华大学的生存举步维艰，迁渝不仅耗费了大量钱财，且原有的经济来源也全部断绝，办学经费全仗教育部拨付的有限补助和师生"化缘"所得；加之师资流失过半，图书、仪器设备等也损坏严重，学校面临空前困难。陈时也曾设想将中华大学交由公办，后因抗战形势复杂，更因中华大学师生及校友吁请，私立中华大学才得以延续下来。

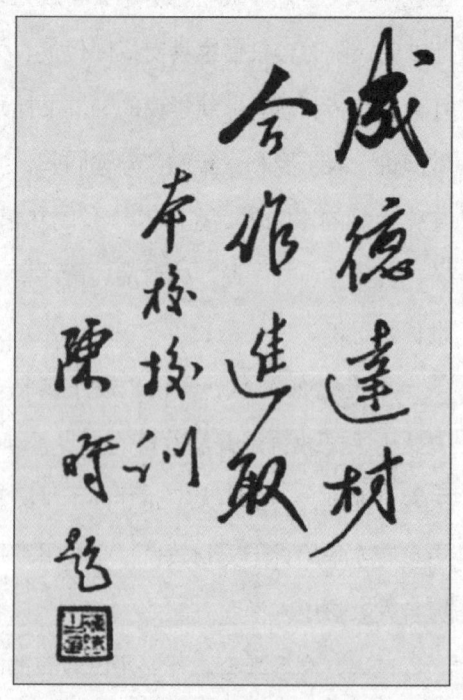

抗战时期陈时校长亲书的学校校训

在湖北同乡会的帮助下，中华大学校址选在了重庆南岸下龙门浩的禹王庙，此处原为湖北旅川同乡会会址，中华大学将其改造，用作了学生宿舍和寝室；学校再借用了禹王庙旁的觉林寺空地，辟作学校操场兼篮球场；师生还在山坡上开挖了防空洞，以躲避日机轰炸。教职员工则租住在附近民宅。1938年12月底，中华大学重庆复课，由于战火劫难，此时学校已由武昌时的3院13系减少为3院6系1个专修科，随迁学生不过百余人。

1939年，中华大学师范专修科第八届毕业生于重庆留影

1939年9月开学后，学生人数有所增加，年底，在校学生250人左右。1940年1月，应四川工商界之请，并获教育部允准，中华大学增设会计专修科，报名者异常踊跃，招收新生百余名。1943年秋，文学院增设了文史专修科。

学校刚迁至重庆时,师资流失现象比较严重,教师结构变化较大。好在当时在重庆流亡的知识界、教育界人士较多,加上西迁重庆的大学不少,这为中华大学聘请兼职教师提供了便利。受学校精神的感召,一些教师在兼课后又被聘为专任教师,除此之外,聘请名家到学校做报告也是弥补名师不足、开阔学生眼界、提高学术水平的一个好办法。这期间,中华大学就聘请过卢前讲"中国文学史"、郭沫若讲"甲骨文研究"、陈启天讲"法家哲学"、张君劢讲"魏晋玄学"、太虚法师讲"佛学"、陈立夫讲"唯生论"、杨杰讲"抗战必胜"、冯玉祥讲"爱国主义与抗战胜利"、马寅初讲"新人口论"、邹韬奋讲"政治民主化"、范长江讲"抗战形势"、顾维钧讲"抗战与外交形势"等。这些报告在师资相对流失、物资极度匮乏的情况下,无疑是中华大学师生的精神大餐。

中华大学重庆时期的教学楼(图中后排二层楼房)

优良的校园文化传统也伴随着中华大学西迁至重庆,在重庆南岸米市街上、禹王庙里谱写出一曲曲不屈不挠的爱国主义颂歌。1938年12月,中华大学刚在重庆南岸禹王庙安顿下来,同学们就投入抗日救亡活动中,他们发挥自己的特长,组织抗日宣传队,课余、周末走到南岸街头,散发抗日传单,高唱抗日救亡歌曲,很受市民欢迎。此后,中华大学在重庆组建了大地合唱团、沧浪话剧社、平剧社、国剧研究社、英文俱乐部等文艺团体。他们一方面积极宣传抗战,激励民气;一方面经常演剧、聚会等活跃校园文化氛围,给炮火中的校园增添了勃勃生机。

1943年,抗战进入最艰苦的时期,中华大学也几乎到了揭不开锅的境地,即便如此,师生仍保持乐观态度,学校仍是按时作息、升国旗、上课。1946年6月,中华大学在重庆米市街学校新大门前举行了迁到重庆后的最后一次毕业典礼,此次毕业典礼众师生心潮起伏,百般滋味难以言表,纷纷于大门面向长江,背靠涂山拍照留念。

1945年,艰苦卓绝的抗日战争以日本的投降而结束。这年9月,教育部在重庆召开全国教育善后复员会议。会议决定,因战乱而内迁的大中学校,需迁回原址续办。1946年9月,中华大学迁回武昌后,得以复原发展,共设有3院8系,在校生总数达1300余人。1946年至1948年,中华大学爱国师生积极投身"反对内战,恢复和平"的民主爱国运动之中。在国民党败逃台湾前夕,张群、白崇禧一再规劝陈时将学校迁往台湾,并许以优厚条件,陈时严词拒绝,果断决定要与中华大学一起迎接新中国。

1949年5月,武汉解放,中华大学迎来新的发展阶段。1950年,陈时将苦心经营38年的中华大学完整地交给湖北省人民政府文教厅,并写了《中华大学沿革》寄给周恩来总理。周总理复电:"愿你校沿着新民主主义教育方针前进!"同年8月,私立中华大学改为公立,正式成立了校务委员会,并先后增设了农业、园艺、畜牧、俄语、水利、土木、化工等多个专修科。1952年全国高等学校院系调整,中华大学被撤销。至此,有着近40年的私立武昌中华大学遗憾地画上了句号。

二、名师名家

黄 侃

民国时期有一位"特别的教授",他在课堂上讲《说文解字》时一不带原书二不带讲稿,却能引经据典,旁征博引。课后学生对其引用的经典论据进行核查,居然一字不漏,一字不错。有一天,为他拿皮包的学生发现皮包内有许慎的《说文解字》,打开一看满篇蝇头小字,密密麻麻,有墨笔写的,有朱笔写的,还有各种各样的符号,全书每个字都有自己的讲法和别人的讲法,有的肯定,有的否定。学生看了那本《说文解字》后说:"先生你这批在书头

黄 侃(1886—1935),湖北蕲春人,国学大师。

上、书边上的东西,颜色各异,字又那么小,谁还认得呢?"他半开玩笑地说:"我要人认得干什么呢?别人要知道了上面的内容,我就不是第一了。"这位"特别的教授"就是受陈时校长之邀,在中华大学执教4年的黄侃先生。

黄侃十分熟悉历史,视野开阔,有远见,他以笔为枪,书写的文章恢宏大气,言辞犀利,直击要害,富有感染力。黄侃主张的革命并非单纯的种族革命,而是旨在推翻腐败的反动政府,反对封建剥削和压迫,拯救贫苦民众于水火,实现平等自由的社会革命。1911年7月,黄侃应约为《大江报》撰写了一篇时评《大乱者,救中国之妙药也》,引起广泛震动。"此时非有极大之震动,极烈之改革,唤醒四万万人之沉梦,亡国奴

之官衔,行见人人欢戴而不自知耳。"文章句句铿锵,直指沉疴,被誉为"武昌起义的序曲",成为轰向清王朝的第一炮。

1912年,黄侃在上海安定下来,深入思考自己的前途后决定弃政从文,潜心研究国学。

黄侃治学主张"为学务精""宏通严谨"。他对待著述十分谨慎、认真,所治经、史、语言文字诸书皆反复数十遍,熟悉到能随口举出具体的篇、页、行数,几乎没有误差。为厚积薄发,他还给自己立了个规矩,那就是"五十之前不立著"。

黄侃常常对人说:"学问须从困苦中来,徒恃智慧无益也。"他非常爱读书,读书是他每天必须完成的功课,去世前他还把一部没有圈完的书圈完。黄侃一边读书一边圈点,在他的书桌上总放着一把剪刀和一根压尺,一旦发现圈点错了,他就轻轻地用剪刀刮去,再施以朱墨。他批点的《十三经注疏》《史记》《汉书》《新唐书》,从句读到训释,都有自己的独到之处。黄侃去世时不足50岁,他去世后,后人整理出版了他生前的教案与遗稿,据不完全统计,共留下了260余种著作、300余首词、100余首古近体诗,成为海内外公认的国学大师,在文字学、音韵学、训诂学、雅学、经学、史学、文艺批评学、《文选》学、哲学、目录版本学等方面成就卓著。

1922年,黄侃应聘到中华大学国文系任教,讲授《尚书》《尔雅》《文选》和音韵学、宋词等。1926年后,黄侃受聘于北京师范大学、东北大学、中央大学等校。他的教学不拘一格,因此被学生称为"特别的教授"。他常常利用郊游吃饭、喝酒的机会畅谈学问,于闲谈中给学生很多启发。讲学中,黄侃也是天马行空,没有章法,随心而为,却又处处藏有学问。他晚年讲课,更是没有一定的教学方案,兴之所至,随意发挥,但往往能给人以教益。学者程千帆对此深有感触:"老师晚年讲课,常常没有一定的教学方案,兴之所至,随意发挥,初学的人,往往苦于摸不着头脑。但我当时已是四年级的学生,倒觉得所讲胜义纷纭,深受教益……"

黄侃为中华大学的题词

黄侃一生桃李满天下,范文澜、傅斯年、杨伯峻、徐复、程千帆、潘重规、陆宗达、殷孟伦、刘赜、黄焯、冯友兰等著名学者都是黄侃的学生。在20世纪学术史上,他的弟子们也被称为"黄门侍郎",与章太炎弟子一同承师愿、弘师志,遂成影响后世的"章黄学派"。

陈 时

中华大学曾培养出了以恽代英、林育南、陈潭秋、张光年等为代表的革命家和诗人,中华大学的创办者、校长,中国近现代著名教育家陈时先生功不可没。南开大学张伯苓校长曾赞扬陈时:"我和陈校长相比自愧不如,办南开我只是出了点力;陈校长办中华,既出力,又出钱。"周恩来更赞扬他是"一位清苦的教育家"。

陈时(1891—1953),湖北黄陂(今武汉市黄陂区)人,教育家。

1907年,16岁的陈时留学日本,先后就读于私立庆应大学、早稻田大学。当时的日本经历明治维新后,各项事业突飞猛进,国力日益强盛。陈时在留学期间,对日本的繁荣和中国的贫弱进行了思考,陈时认为中国贫穷落后的原因主要是民智未开。国家的强盛,靠民智的开启,而民智的开启,靠高水平的教育;只有大力兴办教育,培养人才,国家才有希望。他受到了"教育是救国之本"思想的熏陶,逐渐形成了教育救国的志向,认为要在中国创办出像日本庆应大学和早稻田大学那样的大学,才能为振兴中华培养优秀的人才,改变中国落后的现实。

1911年回国后,陈时参加了辛亥革命。中华民国成立后,他认为中华民国成立后重心应放在教育上,"时家本非素丰……民国成立,以教育为陶冶共和国要图"。对比中外教育及教育对国力的推动，他认为大学最为重要，因为"大学为一个国家最高学府培育人才的地方，它有启导社会思想，转移时代风尚，阐述学术推进文化的功能"，于是他怀着满腔的爱国热情，决心创办一所大学，实现自己的志向。

陈时说服父亲、伯父，力陈办教育于国之意义。一番筹备之后，1912年5月，中国第一所私立大学武昌中华大学诞生。作为校长，陈时主张"尊师重道，教授治校，唯才是举，宁缺毋滥"，并确定了"成德、达材、独立、进取"的八字校训，以"兼容并蓄，发展个性，崇尚自然"为教育目标。他高度重视提高教育质量，学校遍请名师，中华大学讲堂曾出现了"印泰戈尔，华蔡子民，军蒋百里，政顾维钧，杜威哲学，康梁史经，一时鸿博，靡不莅临"的盛况。

陈时还支持保护师生的正义行为，支持恽代英宣传新思想、新学说，鼓励学生时代的恽代英接办《光华学报》宣传新文化，一度形成了"北《新青年》，南《光华学报》"的文化景象。他还参加学生社团，支持学生的爱国运动。正是由于陈时先生的人格魅力，所以尽管条件艰苦，一批名师如严士佳、邹昌炽、方宗汉等仍愿意与陈时一道，"风雨同舟数十载，含辛茹苦为英才"。

在陈时校长的治理下，中华大学历经40多年的发展而人才辈出，著名的有教育家余家菊、陈启天，学者王亚南、张光年等，以及后来到台湾地区从政的李焕、张导民、钱云阶等，活跃在其他各领域的教授、专家、艺术家成百上千。蔡元培先生曾高度评价道："陈校长在武汉办了一个中华大学，并设有大、中、小学三部，像这样完善的学校，中国确实罕见。我们知道陈校长热心教育的精神及惨淡经营的情况，特别佩服。"

陈时不仅是一位教育家，也是一位积极的爱国者，在大是大非面前始终将国家利益与民族利益放在首位。抗日战争的1938年，武汉面临沦陷。日本内阁成员重光葵、陈时的老师福泽谕吉、陈时的同窗冈村宁次等人，曾以"友人"身份希望他留在武汉办学。然而，陈时毅然拒绝，义无反顾地率领全校师生，历经万难，跋山涉水，将学校西迁至重庆。

1948年武汉解放前夕，陈时留日时的同学、国民党湖北省主席张群作为国民党政府的说客，动员他将中华大学迁往台湾，陈时不仅没有为之所动，还欲劝说白崇禧起义，争取和平解放武汉。

新中国成立不久，陈时想将中华大学捐献给人民政府。他多次给湖北省政府写信，并致电周恩来总理表明自己的意愿。总理很快回电："愿你校在新民主主义的教育方针下继续前进。"董必武、李先念等也对他一生办学的业绩给予了充分肯定。

陈时的教育救国理念和办学成就，堪称我国私立大学的楷模。

恽代英

"浪迹江湖忆旧游，故人生死各千秋。已摈忧患寻常事，留得豪情作楚囚。"广州起义领导人之一、中国青年运动的领袖和导师恽代英就义前留下的豪迈诗篇，激励着几代人为中国共产党的伟大事业，为共产主义伟大理想而前赴后继、英勇献身。他牺牲时不满36岁，短暂的一生，却为争取民族独立和国家富强作出了重要贡献，留下了宝贵的思想遗产。正如周恩来总理评价的那样，恽代英永远是中国青年的楷模。

恽代英在学校读书时一直是一个品学兼优的学生，幼年读家塾，小学毕业后自学完成全部中学课程，1913年以优异成绩考入中华大学预科，一年后进入文科中国哲学门学习。1917年10月，22岁的恽代英在中华大学发起组织爱国团体互助社，广泛开展爱国活动，吸引了大批追求进步的热血青年。1918年夏毕业时，他已发表各种学术论文50余篇，深为中华大学校长陈时钟爱和赏识，被聘任为中学部主任（相当于校长）。

恽代英（1895—1931），江苏武进人，生于武昌，无产阶级革命家、中国共产党早期理论家、青年运动领导人。

五四运动爆发后，恽代英站在时代潮流的前列，弘扬民主与科学，引导人们追求真理，成为武汉地区五四运动的主要领导者。1920年春，他在武汉创办了利群书社，主要经销《共产党宣言》《社会主义从空想到科学的发展》等马克思、恩格斯著作和《新青年》《每周评论》《新潮》《劳动界》等进步刊物，使之成为武汉和长江中游地区传播马克思主义和新思想的重要阵地。

1921年7月中旬，恽代英召集受利群书社影响的24位进步青年在湖北黄冈聚会，独立开展建党活动，宣布成立具有共产主义性质的革命团体共存社。其宗旨是"企求阶级斗争，劳农政治的实现，以达到圆满的人类共存为目的"。这与中共一大通过的第一个纲领基本精神是一致的。同年底，恽代英加入中国共产党。从此，他坚定地信仰马克思主义，无论走到哪里，就把马克思主义的火种传播到哪里，先后在《中国青年》《红旗》等刊物上发表了大量文章，宣传中国共产党的基本纲领，阐释马克思主义的基本原理，并将其与中国革命实际相结合，为推动马克思主义中国化作出了重要贡献。其生前遗著共计约300万字，涵盖哲学、政治、经济、军事、文化、教育等各个领域，形成了比较完备的理论体系，是毛泽东思想的有机组成部分。2014年，华中师范大学李良明教授主编的9卷本《恽代英全集》由人民出版社出版，其中凝结了恽代英对中国革命道路的探索与思考。

恽代英熟谙马克思主义理论，精通英文、德文和日文，凭他的才华，个人和家庭完全可以过上舒适安逸的生活。但他舍弃了这一切，全心全意为革命而奋斗。他曾经说过，"譬如我，假使跟着蒋介石，也大可升官发财。但要使中国革命成功，就不能不反对反革命的甘作民众叛徒的蒋介石"。恽代英生活简朴，被好友萧楚女喻为"当代的墨子"。在白区坚持地下斗争，生活异常艰苦，恽代英却不以为然，非常乐观。他曾对妻子说："我们是贫贱夫妻，我们看王侯如粪土，视富贵为浮云，我们不怕穷，不怕苦，我们要安贫乐道。这个'道'就是革命的理想。为了实现它而斗争，就是最大的快乐。"

恽代英一生短暂，但他的清贫操守和光辉业绩永垂青史，他对革命事业的耿耿忠心，党和人民永远不会忘记。1950年，周恩来为纪念恽代英殉难19周年题词，对其一生作了高度评价："中国青年热爱的领袖——恽代英同志牺牲已经19年了，他的无产阶级意识，工作热情，坚强意志，朴素作风，牺牲精神，群众化的品质，感人的说服力，应永远成为中国革命青年的楷模。"

严士佳

任何书写中华大学历史的笔,都绕不开一个人。他1923年回国应陈时校长之聘任职武昌中华大学后,除在中华大学停课时有短暂的离开外,就一直和中华大学相伴相随,1924年受聘任中华大学附中主任;1928年在中华大学任教授兼教务长;1948年任中华大学代理校长、副校长等职;1952年任华中师范学院教育系教授,民盟华师分部副主委,把毕生精力献给了中华大学,被陈时校长赞誉为中华大学的拓荒人。他就是著名教育家严士佳。

严士佳(1894—1962),湖北新洲(今武汉市新洲区)人,教育家。

严士佳出身书香门第,1919年毕业于清华大学,同年考取官费赴美留学,先后就读于密歇根大学和哥伦比亚大学,曾师从世界著名教育家杜威,获教育学学士和硕士学位。1923年,陈时校长赴美国参加万国教育会议时在哥伦比亚大学结识严士佳,他们一见如故,陈时校长邀请严士佳到中华大学任教,他毫不迟疑地应承了,在获得硕士学位后即回国来到中华大学,数十年如一日,追随陈时办学,从黑鬓变白发,孜孜不倦,在中华大学实现着他为国家培育人才的教育理想。

中华大学办学经费紧张时,严士佳的待遇较低,时时处于窘境之中,有的学校以优厚薪金相聘,也有人劝他跻身政界,他都不为所动。他说:"我到中华大学来,确实排除了些外来的引诱,高官厚禄,非我所求。抗战时,中华大学由武昌粮道街迁到宜昌,又由宜昌迁到重庆南岸米市街，所经道路，何等坎坷！在粮道街缺粮，在米市街无米，我这个教授越教越瘦，有人劝我改行，以优厚待遇相罗致，我不为所动，愿和中华大学共甘苦而不去。"这些真挚的话语流露出了他对中华大学炽热的爱和忠诚，也充分体现着一个知识分子的正气良知。

严士佳先生是鼎力协助陈时办学而长期不离的左右臂膀，他和陈时先生志同道合，关系紧密，配合默契。陈时先生长于进取，严士佳先生善于守成；陈时先生能量大，严士佳先生性质朴。严士佳先生崇尚蔡元培的民主教育思想，并把它运用到教育管理、学生培养甚至为人处世之中，广受教育界推崇。他协助陈时校长广延名师，广招生员，鼓励学生刻苦攻读，造福社会。

严士佳担任中华大学教务长时，从大学一直管到中学。在教学上，严士佳先生对教学材料非常熟悉，在古代、近代和现代教育家的教育思想烂熟于心，讲课内容丰富，语言生动，深入浅出，深受好评。严士佳先生非常爱护学生，鼓励学生努力读书，追求进步。他常常自得于学生对他的喜爱和尊敬，在面对劝他弃学从政的人时，他曾说："如果换一个位置，可能钱多一点，可是'袁大头'不会对我发笑。而我的学生，在街上碰着我，却老远笑眯眯地向我打招呼，他们高兴地喊：'严老师，您老人家好！'我引以为乐，其乐融融。"

严士佳先生生活简朴，待人温和。他早睡早起，生活极有规律。他喜欢郊游，不抽烟，少喝茶，只喝酒，但能自我克制。有人问他有什么嗜好，严士佳先生说："教书育人，饮酒自娱。"

严士佳先生把自己的一生全部奉献给了中华大学。陈时校长曾说:"严先生毕生主持中华大学,他头发黑黑的,如今,白发苍苍。严先生和我共事,我只是像哥伦布一样发现了一块荒地,而严先生使这块荒地上从无到有,从小到大,中华大学的发展与严先生的辛劳是分不开的。"

张光年

张光年,笔名光未然,1931年考入武昌中华大学中文系,1935年肄业,是中华大学杰出的校友、时代的歌者、人民的诗人。铁肩担道义,妙手著文章,张光年的作品紧扣时代脉搏,人文情怀浓厚,至今仍熠熠生辉。

张光年少时就拥有浓厚的爱国情怀。在家乡,当得知蒋介石叛变后,年少气盛的他,公然在腰里别一本《共产党宣言》,故意在老河口驻军某团团部门口走来走去。父亲担心张光年闯出祸端来,就把张光年锁在家里,不让他与外界联系。之后,张光年暂收锋芒,开始了学徒生涯。1927年下半年,他以自己的烟纸店为掩护,又开始了革命活动。他之后筹办的

张光年(1913—2002),湖北老河口人,著名诗人、文学批评家。

两个书店也成了革命的基地,成为革命的联络点。1929年3月,张光年加入了中共党组织。

"九一八"事变后,失去党组织联系的张光年,先后组织了两个剧团,在武汉演出了大批爱国剧目,这是他"文艺救国"活动的开端。此后他以文艺为武器,唤起民众的救亡图存意识。他不辞辛苦,在创造不朽文艺作品的同时,带着自己的演剧队为革命事业的胜利到处奔走。哪里需要他们,哪里就有他们的身影。

1938年11月武汉沦陷后,张光年带领抗敌演剧三队,从陕西宜川县的壶口附近东渡黄河,转入吕梁山抗日根据地。途中亲临险峡急流、怒涛漩涡、礁石瀑布,目睹黄河船夫们与狂风恶浪搏斗的情景,聆听着悠长高亢、深沉有力的船夫号子,面对破碎的山河,张光年心潮澎湃,开始酝酿《黄河》的诗作。后不慎坠马受伤,他一到延安就住进了边区医院。冼星海去医院看望这位阔别多年的好友,在交谈中透露了再度进行合作谱写大型音乐作品的愿望。5天之后,张光年一出院就带去了《黄河大合唱》的全部歌词。

1939年3月11日晚上,在月光映照下的一个宽敞窑洞里,张光年借着桌前油灯的光亮,为大家朗诵《黄河大合唱》,400多行的诗句,26岁的诗人一气呵成,从头朗诵到尾。大家的心随着朗诵者抑扬顿挫的诗句而跳动。听完最后一句"向着全世界劳动的人民,发出战斗的警号",窑洞一片安静,顷刻之后,掌声响彻

第二章　中华大学

冼星海指挥延安鲁迅艺术文学院合唱队排练《黄河大合唱》

整个窑洞。掌声中，冼星海激动地站了起来，一把将词稿抓在手里："我有把握把它谱好！我一定及时为你们赶出来！"诗人、作曲家在"鲁艺"山坡上的小土窑里，在一盏摇曳着一簇微弱小火苗的菜油灯下，完成了一次诗和乐的完美的结合，诞生了一部不朽的经典之作，这就是被誉为民族颂歌的《黄河大合唱》。

在民族危难之时，张光年先后创作出《五月的鲜花》《高尔基纪念歌》《赞美新中国》等许多优秀作品，在全国传唱，鼓舞着千百万英雄儿女，保家卫国，浴血奋战。

新中国成立后，文化事业百废待兴，张光年走上文艺领导岗位，投入建设社会主义文学艺术事业的繁重工作。他先后担任文化部艺术局局长、《剧本》月刊主编、《文艺报》主编和中国作家协会书记处书记等职务，写得更多的是文艺评论，出版了《戏剧的现实主义问题》《文艺辩论集》

等书，创作了《三门峡大合唱》《全世界无产阶级联合起来》等激动人心的力作。

　　张光年校友一直关心华中师范大学的发展，1999年12月28日，华中师范大学万余名师生在露天电影场举行"纪念《黄河大合唱》六十周年诞辰暨迎新世纪万人唱《黄河大合唱》"大型音乐晚会。演出前，86岁的张光年通过视频赞扬母校举办这次活动的意义，并祝演出成功，祝母校发展壮大。2013年10月30日，华中师范大学举行张光年100周年诞辰纪念大会，张光年家属将著名雕塑家黄河创作的光未然雕塑捐赠给学校，同时还向学校捐赠10万元人民币，设立"光未然文学艺术研究发展基金"。2017年，华中师范大学出版社出版了《张光年文学研究集》。

三、风物逸事

(一)中华大学大讲坛

为什么武汉新文化运动、武汉五四运动的中心在中华大学?这恐怕与中华大学办学理念及陈时校长主张的"学术自由,兼容并包"不无关系。中华大学创办之后,陈时不断聘请中外名流来校演讲,"群星荟萃,名流云集"在中华大学办学历史中是一道亮丽的风景线。

法师、学者揭开中华大学讲坛序幕。1916年5月,中华大学礼堂来了两位不同寻常的学者,一位是身穿袈裟的月霞法师,另一位是国学大师黄侃。"和尚登上了大学讲坛",这在社会风气远未开化的民国初年,在武汉三镇引起了很大的轰动。月霞法师1914年在上海创办佛教华严大学并任校长,又在江苏、湖北

月霞法师在讲学

等省创办僧教育会和僧立师范学堂,曾赴日本、泰国、印度等国访问,在佛教界和学术界均有较高地位。1916年年初,月霞法师应邀回汉阳归元寺说法,陈时遂邀其讲学,顺邀黄侃助讲。月霞法师这次在中华大学主要讲授《大乘起信论》一月有余。武汉的报纸及颇有影响的《申报》等对此都有报道。黄侃其时为北大教授,国学、佛学底蕴深厚,陈时邀其助讲,效果甚佳,不久便平息了议论纷纷的"和尚上课"事件。

中外名人荟萃讲坛。1922年8月,梁启超讲"湖北在文化史上之地位及将来责任";1924年1月,康有为讲"大同主义与人道";2月,梁漱溟讲"教育与人生";3月,军事家蒋百里讲"军事教育";10月,马寅初讲"中国关税问题";1925年4月,社会活动家李汉俊讲"社会科学与人生的关系"。此外,辜鸿铭、曹云祥、陶行知、晏阳初等知名学者也莅临中华大学大讲坛,演讲内容涵盖教育、哲学、社会、科学、环境等方面。中华大学与世界的交流也与日俱增,国外著名学者也纷纷走上中华大学讲坛。如:1920年11月,美国教育家杜威讲现代教育;1923年1月,德国哲学家杜里舒讲达尔文主义之批评;1924年5月,印度伟大诗人、哲学家泰戈尔讲诗和哲学的关系。

中华大讲坛传播抗战精神。1932年5月28日,是中华大学建校20周年纪念日。这天上午,师生们仰慕已久的蔡元培来校讲演,激昂演说刚刚爆发的"九一八"事变和"一·二八"淞沪抗战。这位学贯中西的教育家,在演讲中号召广大师生奋起抵抗、科学救国。他号召师生"一致努力,各尽所能去发扬大中华民族的精神,才不愧为中华大学的学子"。七七事变后,抗日战争全面爆发。1938年4月25日,国民政府军

第二章　中华大学

蔡元培先生给中华大学毕业生的题词

事委员会副委员长冯玉祥在中华大学讲坛作题为"学生怎样救国"的演讲。他勉励同学们为了抗战的胜利，为了中华民族立于世界之林，努力投身抗战洪流。

二十世纪二三十年代，大师学者们相继莅临中华大学，名人政要也络绎不绝地前来演讲授课，其人数之众，时间之长，内容之广，影响之深，是其他学校难以达到的。有如此众多的国内外名人来校讲学和演讲，是陈时校长兴学办校的一大特色，是广大师生、市民的荣幸，也是中华大学的骄傲和光荣。

（二）武汉五四运动

1919年5月6日，五四运动的消息从北京传到武汉，中华大学师生及湖北学界群情激愤，纷纷行动起来。当天晚上，恽代英、林育南、唐粹庵等印刷《四年五月七日之事》传单600份，准备第二天张贴散发。湖北督军王占元害怕武汉学生声援北京，在6日当天即让省长何佩瑢召集武汉有影响的学校校长开会，严谕第二天（5月7日为国耻纪念日）不准学生集会开展纪念活动，并要求他们放假一天。陈时校长当即表示，国耻纪念日迄今已四年，从来没有不准纪念之说，明天中华大学开运动会是定好了的，还请督军省长莅会指导。这样，中华大学的校运动会5月7日在校外军警的"保护"下准时进行，陈时、恽代英等则密切关注着校内外动态。

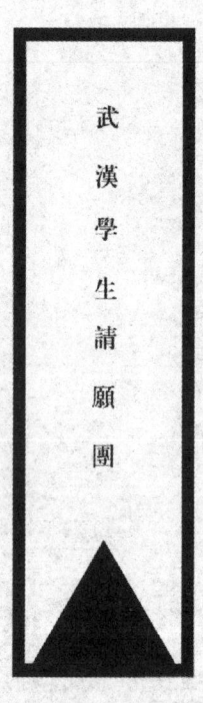

武汉学生请愿团团标

北京五四运动现场

运动会毕,《四年五月七日之事》传单雪片般飞满校园,师生抢读传单,怒从胸起,三五成群,热烈讨论。传单指出:"有血性的黄帝的子孙,你不应该忘记四年五月七日之事。现在又是五月七日了,那在四十八分钟内,强迫我承认二十一条密约的日本人,现在又在欧洲和会里强夺我们的青岛,强夺我们的山东,要我们四万万人的中华民国做他的奴隶牛马。假若是个人,你还要把金钱供献他们,把盗贼认作你们的父母吗?我亲爱的父老兄弟们,我总信你不至于无人性到这一步田地。"

中华大学5月7日校运会上的爱国行动如星星之火,开始在武汉各地燃烧起来。5月8日,中华大学中学部教师恽代英、林育南、张宜端、蓝之浓等商议下一步行动计划,他们打算立即邀请外校学生到中华大学开会,一齐声援北京学生事宜;5月9日,武昌各校学生齐集中华大学,筹备成立武昌学生团,恽代英代表武汉学生向北京学界发去声援电;5月

10日，中华大学、文华大学、武昌高师等15所大中学校的代表在中华大学召开座谈会，公推中华大学学生蓝之浓为主席，蓝之浓在会上痛哭流涕疾呼："我等青年，以后当以国事为己任。"5月11日，15所学校2000多名学生，在文华大学成立武昌学生团，并将《武昌学生团宣言书》通告全国；5月12日晚，武昌学生代表在中华大学开会，公议将"武昌学生团"更名为"武汉学生联合会"。5月14日，各学校代表在中华大学开会，拟定了武汉学生联合会章程，选出了学生联合会工作人员；5月17日，武汉26所大中学校各派代表2名在中华大学开会，正式宣布成立武汉学生联合会，中华大学蓝之浓、武昌高师高鸿缙、文华大学余上沅等当选为武汉学联主要负责人；5月18日，筹划已久的武汉学生集会大游行开始，26所学校的3000多名学生从武昌阅马场出发，学生们手执旗子，上书"争回青岛""灭除国贼""抵制日货""提倡国货"等标语口号，浩浩荡荡的学生队伍和不断加入的市民高呼爱国口号，把武昌街头变成了热烈的海洋。

武汉3000多名学生的大游行，是对五四运动在北京的呼应和延续，也宣告五四运动在武汉进入高潮。而中华大学校运动会正是武汉学生爱国运动的起点，正如有学者所说，中华大学是"五四运动在湖北的指挥部"。

（三）"一报两社"的"红色文化"

20世纪初期，阴霾满布的华夏大地军阀专制、国势渐衰。心系国民的革命者在大江南北纷纷奔走呼号，宣传科学与民主，宣扬马克思主义和十月革命的胜利。中华大学同样有一批热血青年，他们用文弱之躯率先扛起了救国济民的时代重任，利用《光华学报》、互助社和利群书社宣传并推动新文化运动，在武汉点燃革命的火种。

《光华学报》创刊号封面

　　创刊于1915年5月的《光华学报》是武昌中华大学学报，比陈独秀创办的《新青年》还要早四个月。该报是五四运动以前在湖北尤其是武汉地区传播新文化的主要阵地，其宗旨为"研究学术，导扬国光"。1917年2月，校长陈时聘请还是中华大学学生的恽代英为主编，那年他只有22岁。《光华学报》有"全国私立大学中第一份学报"之称，在恽代英等人的主持下公开提出改革文体，还新辟了"论丛""思潮"等宣传新文化新思潮的特色栏目，广收"学术进步，在贵有创造之能力的人物"以及"介绍世界最新之思潮者"的稿件，影响了一大批追求先进的青年人，获得了陈独秀、胡适等新文化运动领袖们的赞美和支持。

中华大学不仅有《光华学报》为武汉地区新文化运动的主要舆论阵地，它还有武汉三镇新文化运动第一个重要的团体组织——互助社。1919年10月8日，恽代英与梁绍文、黄负生、冼震成立了一个小团体，名字就用他们所崇拜的克鲁泡特金的名著《互助论》中的"互助"二字，定名为"互助社"。互助社的戒律是"不嫖、不赌、不烟、不酒、不纳妾、不奢侈、不做有害社会有害社会团体的事"。社员们每天开会都会诵读《互励文》："我们都晓得：今天我们的国家，是在极危险的时候，我们是世界上最耻辱的国民。我们立一个决心，当尽我们所能的力量，做我们应做的事情。我们不应该懒惰，不应该虚假，不应该不培养自己的人格，不应该不帮助我们的朋友，不应该忘记伺候国家、伺候社会。我们晓得，我们不是没有能力，国家的事情不是没有希望……我们从这以后，是实行的时候了。"他们心中"立志救国"的思想及对自己的行为"三省吾身"的要

互助社10人合影，1918年6月18日摄于武昌（前排从左至右：杨济川、杨理恒、恽代英、林育南、萧鸿举、刘仁静；后排从左至右：郑兴焕、郑遵芳、沈光耀、魏以新）

1985年，陆定一题写的社名

求,彰显出作为新文化运动先锋组织的互助社所迸发出的爱国精神之光芒。互助社成员一开始只有 4 人,到 11 月中旬,发展到五组 19 人。这批青年在武汉地区五四运动中成为骨干,其中恽代英、黄负生、林育南等后来成为中国新民主主义革命史上叱咤风云的人物。

1920 年 2 月,恽代英和林育南、李书渠在武昌横街头 18 号创办了利群书社。这是五四运动后恽代英在武汉和长江中游宣传马克思主义的一个重要基地,专门经销《共产党宣言》《阶级争斗》《共产党》《新青年》等书刊,湖北的马克思主义研究会成立后常在书社举办读书报告会。书社最初成员为恽代英、林育南、沈光耀、廖焕星、郑遵芳(郑南宣)、郑兴焕、刘世昌、魏君谟(魏以新)、胡竟成、李伯刚、萧鸿举(萧云鹄)和余家菊 12 人。其宗旨是集志同道合的青年学生为"利群助人,服务群众"的团体,为改造社会造就人才。大律师施洋盛赞利群书社为武汉三镇人民造福,愿意义务担任利群书社的法律顾问。《大汉报》记者萧楚女决心投奔利群书社的麾下,当一名马前卒,同利群书社社员们"并肩战斗,披荆斩棘",去开创宣传新文化的事业。以后的岁月里,书社的大部分成员加入了中国共产党,同时书社与全国许多进步社团有来往,和李大钊、陈独秀以及胡适等社会名流保持着密切联系。董必武、陈潭秋等经常来此阅读进步书籍。

(四)中华大学与第三次全运会

1924 年 5 月 22 日至 25 日在武昌成功举办的第三次全国运动会在中华全运会史上有着非凡的意义。因为它是第一次由中国人主办,第一次在正规的体育场比赛,第一次设有女子竞赛项目。而 1910 年 10 月在南京南洋劝业场举行的第一次全运和 1914 年 5 月在北京天坛举行的第二次全运会则分别由传教士爱克斯纳和侯格兰德倡导主持,而且竞赛官方语言为英语,竞赛运动员也多为教会学校的大中学生,运动员人数和竞赛项目很少。第三次全运会圆满成功,影响深远,与中华大学有着深厚的渊源,因为它是由中华大学校长陈时具体负责筹办,中华大学师生广泛参与、全力支持与配合的。

1925年,陈时(左三)出席全国体育协会在天津举行的第一次董事会

　　民国时期,由于时局动荡,军阀混战,举办全国性运动会非常艰难,中华民国成立后还只举办了一次全运会,因此,1923年中华业余运动会和教育界著名人士力主1924年5月在武昌举办第三次全运会。经磋商,第三次全运会很快成立了运动会组委会。组委会主要构成人员为当时的政界要人和教育界名人,如名誉会长为湖北督军萧耀南,会长为原北洋政府总理、社会活动家熊希龄,副会长为阎锡山、黄任之、张伯苓、汪精卫、陈时,董事长为王正廷(时为代理国务总理兼外长、中华国际奥委会委员),武昌筹备委员会委员长为陈时。1924年1月8日,中华业

余运动会秘书葛雷博士冒着凛冽的寒风从上海来到武昌,陈时和中华大学体育教师宋如海立马与葛博士面见萧耀南,向他汇报第三次全运会筹备情况和经费筹措情况,请求湖北军政府特别襄助。陈时跟萧耀南关系不错,中华大学在办学过程中湖北军政府都给予过方便和帮助,在武昌举办第三次全运会是给湖北军政界和武汉市"长脸"的事,加上萧耀南又是此次全运会的名誉会长,因此他很支持,并表示原武昌阅马场体育场改造修缮工程春节前动工,所需经费由省财政先期垫付。

由于时间紧迫,人手紧张,更重要的是运动会是由民间组织在张罗,事情千头万绪,难度可想而知。中华大学师生对此次运动会由陈时校长主要操持、师生全体参与感到非常高兴,大家表示要齐心协力办好此会。陈时又多次与葛雷博士商议,与筹委会反复沟通,就第三次全运会事宜连续发出了一、二、三号通知,并登报宣传,获得全国各省、市包括港澳同胞以及海外侨胞的热烈响应。刚从美国回来的工程学学士雷士云被陈时聘为体育场改进设计师,陈时在繁忙的校务工作中和宋如海老师等东奔西走筹措经费。经过三个多月的艰苦努力,一座位于长江之畔蛇山脚下的现代体育场基本完工,一批批市民前来参观游览并发出由衷的赞叹。

1924年5月22日,春风拂面,阳光普照。上午10时,停泊在长江上的军舰鸣礼炮21响,第三届全国运动会伴随礼炮声和军乐队鼓号声拉开了帷幕。整个体育场变成了人的海洋、花的海洋、旗的海洋。陈时主持开幕式,熊希龄首先发表了热情洋溢的致词。总裁判长张伯苓也发表了讲话，他说，第三次全运会在武昌举行，来自全国各地的体育选手荟萃武昌，不分南北，不分地区，同台竞技，同舟共济，此种精神必能促进国家统一。演讲完毕，490名参赛运动员、2400名童子军以及各省代表绕场一周，向观众致意。航空署派来的两架飞机"维梅"号、"爱佛罗"号绕场飞行，散发的万份彩色传单在体育场上空如天女散花。3000多名中学生表演了舞蹈《桃李争春》。体育场掌声雷动，欢呼声此起彼伏。

经过3天多的紧张比赛，田径、游泳、足球、排球、网球、篮球、棒球、童子军个人及团体技能、武术、体操10个项目的运动健儿奋力角逐。最终华北队夺得团体冠军，华东队获亚军，华中队获第三名。25日下午2时，闭幕式开始，熊希龄、陈时等第三次全运会主要负责人给运动员颁奖，第三次全运会落下帷幕。由于陈时对本次全运会的贡献，1925年8月，全国体育协会在天津召开，中华大学校长陈时以高票当选为理事。

第三章 中原大学教育学院

一、历史概览

中原大学是中国共产党在解放战争革命烽火中创办的一所新型的革命大学。它的历史虽然不到5年，但却在中国革命的历史上和中国高等教育的历史上都占有光辉的一页。中原大学的教育学院便是华中师范大学的前身之一。

（一）革命大学中原大学

1947年，刘邓大军千里跃进大别山，转战中原大地，拉开了全国解放战争进入反攻阶段的序幕。1948年春，刘伯承、邓小平率主力挺进豫西。5月26日，中共中央中原局和解放军中原军区的领导机关移驻河南省宝丰县北张庄村。中共中央中原局和中原军区领导人刘伯承、邓小平、陈毅、邓子恢、李达等住在北张庄，此后近半年的时间，北张庄成为当时中原局及中原解放区的"首府"。

第三章　中原大学教育学院

为实现"打过长江去，解放全中国"的目标，扩大并巩固中原解放区，支持全国解放战争，便成为中原军区的首要任务。建设中原解放区，需要各方面的人才。为此，培养革命建设人才，也就成为一项紧迫的工作。随着解放战争的接连胜利，邓小平指示中原局尽快组织筹建各种类型的干部学校，招收中原各地优秀的知识青年入校，经过短期培训和学习，再到实践中去锻炼，以解决干部不足的问题。

1948年7月底，邓小平、陈毅、李达等在宝丰讨论成立中原大学事宜

中原大学校徽

1948年6月24日晚,开封第一次解放时,287名青年学生同解放军一起撤离开封,奔向豫西解放区。6月29日,河南大学文学院院长兼历史系主任嵇文甫和经济系主任王毅斋以及罗绳武、李俊甫等79人率先抵达豫西解放区宝丰县。7月9日,开封学生287人也抵达宝丰县。

经中央批准,7月10日,中原大学筹备委员会成立,由陈毅、张际春、刘子久、嵇文甫、王毅斋、张柏园、罗绳武7人组成。7月29日,晋察冀南下干部郭步云、安愚等13人来校任教。校部正式成立了教务、注册、秘书、总务四科。学员分成三个大队,每队设队长1人,辅导员两人,辅导助理1人。1948年8月1日,在宝丰县商酒务镇张家庄村,中原局、中原军区召开庆祝"八一"建军节纪念大会,会上,中原军区司令员刘伯承宣布中原大学正式成立。

8月25日,中共中央从华东抽调73名干部到校,充实干部教师队伍。8月26日,宣布刘子久负责学校党的工作,调时任北方大学教务长的张柏园为教务长,朱凡为副教务长。同一天,中原大学新闻系成立,校址设在解庄,陈克寒任系主任(兼),江涛为教务主任。

后来,随着革命形势和学校的发展,中原大学历经三次搬迁。1948年9月5日,中原大学由肖旗乡大白庄迁移至宝丰城内东大街文庙。10月,经中共中央批准,正式组建了中原大学的第一届领导班子。著名历史学家范文澜任校长,著名新闻工作者、哲学家潘梓年任副校长。学校设有行政系、财经系、文艺系、新闻系、医务系共五个系。11月12日，学校建立了开封分校。学校的各项工作也都全面开展起来，全校共有17个大队2194名学生。

1948年10月，开封二次解放。10月26日，在邓小平同志的主持下，中共中央中原局又作出了中原大学搬迁开封到河南大学办学的决策。中原大学迁到开封后，进入了大发展时期，充实了行政机构，健全了党团组织，扩大了办学规模。

1949年，武汉解放前夕，中原大学奉命派部分干部随军南下，参加武汉市文教接管工作，并为中原大学迁往武汉做准备。中原人民政府南迁武汉后，属于中原人民政府领导的中原大学，也于1949年8月12日至17日，在潘梓年副校长的率领下迁至武汉。学校南迁武汉后，中原大学经中南局批准，开始扩大组织编制。1950年8月3日，中原大学隆重庆祝了建校两周年。

中原大学两周年校庆，潘梓年在致词

(二) 中原大学教育学院

在武汉,中原大学向学术化、专业化、正规化方向发展。1949年6月,中原大学成立了文艺学院。11月5日,学校又根据中央精神,向中南军政委员会请示并得到批准,决定改变学校单一的短期学制方针,拟设立财经、教育、政治三所学院,中南军政委员会同意中原大学撤销原四个分部,改组为政治学院,其任务仍然是短期政治训练,新设立财经、教育两所学院,并规定了两所学院新的培养目标、任务和办学方针。

当年报纸登载的毛主席题词和中原大学创办人照片

1949年12月5日,中原大学财经学院、教育学院正式成立。1950年1月7日,政治学院成立。文艺、财经、教育、政治四所学院的成立,标志着中原大学发展进入了新的阶段,逐渐向学术化、专业化、正规化大学过渡。

教育学院初成立时只有政治、历史两系。到1950年9月,学院规模扩大,又增设了教育行政系、俄文系和一个文师班。教育学院是一所为中南地区培训、改造中等学校的政治、历史师资和教育行政干部的学院,王自申任院长。

1950年3月15日,教育学院正式开学上课。社会科学概论、新民主主义教育、心理学、逻辑学为各系共修课程。各系讲座课程有苏联介绍、思想方法、时事政治。专业课方面,政治系设有中国政治、政治经济学、现代世界政治;历史系设有中国通史、中国近百年史和世界通史;教育行政系设有教育原理、教育行政、职工运动;俄文系设有俄文音读、会话、文法和翻译。

1950年5月,学院奉命办工农速成中学师资训练,为广州市、武汉市及教院实验工农速成中学训练师资,并筹办实验工农速成中学1所。工农速成中学,第一期招收学员120人。

至1950年8月,教育学院共有学员380人。1950年冬至1951年夏秋之交,入校的第二届学员近800人毕业,学员被分配至中南五省。

中原大学教育学院王自申院长与部分教职工合影

（三）公立华中大学

1950年5月11日，中南军政委员会曾批转过中央人民政府教育部的一份电文，将中原大学更名为"中南人民大学"。但是，由于多方面的原因，教育部的这项决定一直没有能够付诸实施，也因此一直没有向师生公布这一消息。1951年8月，文艺学院、教育学院等先后独立出来，逐步发展成为正规化的大学，中原大学仅剩下财经学院和政法学院。1952年院系调整时，以中原大学财经学院、政法学院为基础，分别成立中南财经学院和中南政法学院。1953年1月6日，中原大学被撤销。至此，中原大学光荣地完成了其历史使命，5年时间内培养出的14000余名干部，补充了战争时期的前方干部，也为中南地区乃至全国各地输送了大批急需的建设者，更为重要的是为新中国的高等教育积累了许多宝贵经验。

> 1951年8月16日，中南军政委员会决定，撤销中原大学教育学院名称，将教育学院与私立华中大学合并，改为公立华中大学，并成立公立华中大学改制委员会。中南军政委员会教育部部长、中原大学校长潘梓年任主任委员，原私立华中大学校长韦卓民和原中原大学教育学院院长王自申任副主任委员，负责学校组建改革事宜。

从1951年8月16日改制到秋季开学时，公立华中大学教师数量达到103人，其中教授20人，副教授26人；学生规模达到876人，其中本科学生321人，专科学生555人。

1952年全国高校及院系调整期间，按教育部要求，公立华中大学经济商业系调入武汉大学，外文系英文组调入中山大学，地理组调入河南大

公立华中大学第一届学生会成立时，韦卓民校长与代表合影

学。公立华中大学与湖北教育学院合并，广西大学生物系调入，1952年10月成立华中高等师范学校建校委员会，其成员主要由院系调整后的各方代表组成，主任委员为中南军政委员会教育部部长潘梓年。

二、名师名家

潘梓年

江苏宜兴潘氏兄弟，是 20 世纪中国的一个独特而又传奇的存在。其中，大哥潘梓年曾经是华中师范大学的前身之一——中原大学的校长。他为学校的成长与发展呕心沥血，作出了重要贡献。

潘梓年，在潘家九兄妹中排行老大，自当作表率。他自幼从父读四书五经并学习数学，随二伯父学古文和地理，后来考入苏州龙门口师范。原想赴京求学的潘梓年，面对二弟渴望上大学的现实，他只得毅然放弃深造机会，毕业后回乡协助筹办陆平小学，并在无锡东林小学任教，资助二弟赴京求学。

潘梓年（1893—1972），江苏宜兴人，哲学家、新闻工作者、教育家。

五四运动中，二弟潘有年成为当时被誉为 32 名"普罗米修斯"之一，受到震撼的潘梓年，于是辞职后成了北大哲学系的旁听生。迎着"四一二"反革命事变的血腥与风暴，潘梓年来到上海，1927 年成为一名共产党人。随后，潘梓年被派回宜兴重建党组织，并发动"宜兴暴动"。1927 年 9 月，潘梓年调赴上海，在北新书局主编《北新》《洪流》等进步刊物和中共江苏省委主办的《真话报》。1929 年 6 月，他出任中共中央宣传部文化工作委员会第一任书记，1930 年任社会科学家联盟负责人，后调任左翼文化总同盟书记兼文化工作委员会的领导人。同年秋，他兼任中共中央主办的《红旗日报》上海地区总采访。

1938年，毛泽东看到了潘梓年的《逻辑与逻辑学》，极为赞赏。同时，潘梓年在上海见到了周恩来，接受了新的任务，到南京去与章汉夫一道筹办中共在白区公开出版发行的第一份大报《新华日报》，并被任命为该报社长，主持《新华日报》达9年之久。

潘梓年一生与教育结缘。师范毕业后，他便到家乡的小学任教，结束北大旁听后，又到河北保定中学任教，1927年还曾任宜兴县教育局局长，1928年在创造社所办的上海艺术大学任教，1929年负责创办华南大学并任教务长。1948年，潘梓年奉中共中央之命辗转于郑州、开封、武汉等地筹办中原大学。1949年10月中南军政委员会成立，潘梓年任中南军政委员会教育部部长兼中原大学校长。

在中原大学，潘梓年常常担任几门政治理论课的主讲，他以自己深厚的理论功底和20多年来的革命经历，把政治理论课讲得深入浅出，新鲜活泼，使学员们常常在不知不觉中提高了政治觉悟，接受了马克思主义世界观和革命人生观的教育。学员们常说，潘校长像团火，走到哪里哪里就燃烧。潘梓年还直接主持创办中原大学学校刊物《中大生活》和《改造》，他在《改造》创刊号上撰写了《中原大学是这样一所大学》，全面论述了学校的办学宗旨。1951年8月，潘梓年参与创办中原大学教育学院，并努力使中原大学发展成学术性、专业性的正规化大学。

就任中南军政委员会教育部部长后，尽管潘梓年校长主管学校的事务相对减少了，但他一有空就来学校检查工作，主持校务会议，讨论决定学校的重大事项。当年的中南工农速成中学（现华师一附中），就是潘梓年校长为解决工农干部文化水平偏低而筹建的。无论是将中原大学教育学院与武昌华中大学合并改制为公立华中大学，还是后来组建华中高等师范学校，潘梓年都是建校委员会的主任委员。1951年12月，潘梓年校长调离中原大学，但仍十分关心学校的建设，包括华中师范学院新校园的选址与建设，潘梓年都给予了大量的关心和支持。

王自申

王自申（1898—1954），湖南湘潭人，革命家、教育家。

王自申，从小聪颖好学，成绩名列前茅。在湖南省立一中读书时，他师从徐特立先生，受其影响，积极参加反日爱国运动。1916年，他考入湖南工业专门学校攻读机械制图专业。1918年他患病辍学回家，在家潜心攻读经史。1922年，他受聘到储英族校，任高等小学教导主任，不久又被推选任西四区高小校长。

1926年10月，湘潭县劝学所改为教育局，王自申当选为第一任教育局局长。他在教育方面进行了一系列改革，整合多所学校，并增设和创办多所学校，让男女同享接受教育的权利，开湘潭男女同校的先风，同时大幅度增加办学经费，改校长制为委员制，成立县农村教育促进会，启用复式教学法。通过一系列改革，全县教育事业得到空前发展。

在大革命洪流中，王自申与共产党人携手作战，参与和领导了湘潭县工农革命，受到了毛泽东的赞扬。第一次国内革命战争失败及"马日事变"发生后，王自申遭反动派多方迫害与追杀，但仍与共产党人一道机智勇敢地坚持革命，组织领导了湖南工农义勇军。1932年1月，王自申抵达上海，正遇上"一·二八"淞沪抗战烽火。国难当头，王自申心情激愤，决心寻找共产党，投身抗战行列。1932年6月，经吴泽霖和石磊介绍，王自申加入中国共产党，被编入法租界霞飞支部，成为党的地下工作人员。

卢沟桥事变后，王自申按照党组织的指示积极参加抗日救亡活动。上海沦陷后，王自申的工作重心转向教育界，并参与出版《西行漫记》和《鲁迅全集》的编审工作。频繁的社会活动使王自申再次陷于敌人的追捕之中，他辗转湖南，取道桂林，到达重庆，一路坚持抗日救亡。1944年6月，王自申被选送到延安的中共中央党校学习，结业后留校工作，担任第十七支部书记兼学校文化学会干事。

1946年5月，王自申到晋冀鲁豫边区开辟新区工作，被范文澜委任为北方大学文教学院院长。1948年春，石家庄解放，王自申赴石家庄担任华北财经学院副院长。1949年7月，王自申奉调武汉，协助中原大学副校长潘梓年工作，完成学校向学术性和专业性的多学科综合性大学转变。1950年元月，王自申满腔热情地接受中原大学教育学院的创办工作。1950年3月，教育学院正式开学上课。1950年8月，中南区第一所工农速成中学在中原大学教育学院创办，王自申兼任校长。12月5日，教育学院正式成立，王自申为院长。1952年冬，全国高校及院系调整，成立华中高等师范学校建校委员会，王自申任副主任委员。

1953年10月，华中师范学院成立，王自申任党委书记。由于长期忘我工作，积劳成疾，1954年2月25日，他与世长辞，享年56岁。

三、风物逸事

（一）陈毅的报告

中原大学成立初始，学生主要是从河南新解放城市投奔而来的知识青年。这批青年，都是自愿跟随解放军来到向往已久的豫西解放区的，但是各自的动机却不尽相同。其中很多人还是想能够继续升学、读书，面对草创时一穷二白的中原大学，不免颇有怨言，甚至有的三三两两集聚在一起找到中原局宣传部，要求送他们去北方大学上学。

就在这批青年躁动不安之时，突然接到通知，说中原局首长要来大白庄杨树林作报告，回答他们提出的问题。消息立即引起大家的纷纷猜测，会是哪位首长前来作报告？报告什么内容？我们反映的问题能得到解决吗？

1948年7月15日上午8时左右，300多位青年学生和教职

1948年夏，陈毅为中原大学师生作报告

员,穿着新发的灰布军装,头戴军帽,散坐在杨树林旁的麦场上等待着前来作报告的首长。麦场中央放着一张从农民家里借来的木条桌和一个长凳,当作主席台。

"陈毅司令员来了!"人群中有人惊讶地喊道,麦场上顿时响起一片掌声。陈毅走到条桌前,操着洪亮、清晰的四川口音作了自我介绍:"我,陈毅是也!各位在蒋管区的报纸上经常看到的'陈匪'就是本人!今天,我与大家有幸见面,有目共睹,各位仔细看看,我究竟'匪'不'匪'呀?"

诙谐、幽默的开场白说得人们大笑。在人们的笑声中,陈毅的话锋一转,接着说道:"蒋介石今天说这个是'匪',明天说那个是'匪',我看他才是真正的匪,是背叛孙中山先生的匪!是背叛国民革命的匪!是屠杀人民的匪!所以,不打倒蒋介石集团,革命就不能成功,人民就不能获得解放,这就是我们要革命

参加解放区学习与工作的开封学生前往解放区

的道理。"

陈毅短短数语，即刻感染了在场的每一个人，有人站起来带领大家高呼口号，会场的气氛达到了一个小高潮。等口号声平息下来后，陈毅开始了他的报告。

他首先回顾了中国近百年来深受帝国主义、官僚资本主义压迫的历史，以及人民群众为求得民族独立和民主自由所作的斗争。谈到了刚过去的抗日战争和现在的人民解放战争，他鼓励大家积极参加这场伟大的革命运动："在打倒蒋介石、建设新中国的事业中有所贡献，这是无上的光荣。"

接着，陈毅谈到了大家最关心的学习和工作问题。他说："这是大白庄，连个大学牌子都没有。大者，大学也；白者，简陋也，怎么算个大学呢？但在我看来，山不在高，有仙则名。我们办的是一所革命大学。"陈毅进一步阐明了办中原大学的目的和意义，分析了解放区教育与蒋管区教育的本质区别，指出了革命的教育方针、方法，信心十足地说："条件艰苦是暂时的，土豆会有的，面包会有的，我们一定能办成一所人民需要的大学校来！"

陈毅3个小时的报告过去了，人们对这场报告既没有感到疲惫和厌烦，也没有觉得冗长和枯燥，而是在新鲜生动、感人肺腑，动之以情、晓之以理的教诲中自觉地接受了许多新思想、新观念，对共产党有了更崭新的认识和了解。陈毅用毛巾擦擦脸上的汗水，端起茶碗喝了两口，点燃一支烟，一边摇着蒲扇，一边笑着说："各位同学和朋友，你们还有什么问题，都可以提出来，我陈毅当场作答。"

听他这么一说，有人拿出纸笔写条子递上去，不一会儿桌上就放了十几张字条。其中一张字条是这样写的："为参加革命，我把老婆也带来了。我们感情很好，请不要把我们分开。"陈毅念完后风趣地说："心情可以理解。但现在要打仗，解放军里也有不少同志有老婆嘛，但打起仗来总不能带着老婆上前线吧？"人群中爆发出一阵哄笑后，他又接着说："等打完仗后，安定下来，组织上一定会照顾的。"

有人问陈毅："中原大学毕业后，能不能当县长？"陈毅爽快地说："哎呀，你这个同志口气太小了，司令员都可以干！不过，我们的县长可不是容易当的，都是打出来的，靠你自己去打，去开辟。"还有人问："我要是不愿意干，走，中不中？"陈毅幽默地回答："来的欢迎，走的欢送。你怕热，我们还给你送一顶草帽。"

提问虽然五花八门，各式各样，但陈毅以他特有的风格，鲜明、谦和、幽默地一一作答，会场上不时响起热烈的掌声和愉快的笑声。在这些笑声中，青年们原本焦躁不安的情绪得到了释放与舒缓，他们从心里敬佩陈毅文韬武略的风采，对共产党人有了更深切的认识和了解。临别时，陈毅为师生们题词：中原胜利是全国解放的先声！他还再三勉励大家安下心来，认真学习，为人民的解放事业作出贡献。

陈毅的这次报告，没有事先准备书面讲稿，也没有明确的题目，后来有人把它整理出来，印成小册子，才加了一个题目——《来解放区的学习与工作问题》。

（二）邓小平求人才

1948年8月1日是解放军建军21周年纪念日，第二天，中原野战军在中原军区驻地北张庄召开盛大庆祝会，刘伯承司令员在报告中国人民解放军的光辉历史、当前战斗任务时,宣布"中原大学正式成立"。8月7日,学校开始上课。嵇文甫教授讲辩证唯物论,王毅斋教授讲社会科学概论,罗绳武教授讲社会发展史纲,刘国明教授讲中国革命基本问题。

中原大学创办初期,教员和懂教育的干部奇缺。时任中共中央中原局第一书记的邓小平过问中原大学的办学情况,他建议,当务之急的办法是,除在中原解放区抽调干部外,还要求其他解放区支援。这样,由华东解放区抽调来的干部教员73人,由华北南下的干部教员130人分别在8月下旬到校,这极大缓解了中原大学的燃眉之急,也是中原大学由短期培训性质走向正规化办学的转折点。

由于革命形势的发展需要,陈毅要准备淮海战役并组建华东军区,不能再兼任中原大学校长;参与中原大学创办的陈斐琴、刘子久本职工作繁重,也不能长期兼职。这种情况下,加强领导、扩充师资力量,就成了中原大学必须解决的一个紧迫问题。1948年9月,邓小平同志赴河北省平山西柏坡参加中央政治局会议期间,多次专门找当时任中宣部部长的陆定一同志商量,希望中央出面,选派专职干部充实中原大学领导机构。

正是在邓小平的不断要求下,中央研究决定,任命著名历史学家、时任华北大学副校长的范文澜为中原大学校长,中国共产党早期新闻工作者、新华日报社社长潘梓年为副校长,并从华北大学选派孟夫唐、刘介愚、梁维直、李光灿、林山、俞林、方衡等14名同志随同潘梓年南下到中原大学工作。范文澜是著名历史学家,在知识分子和青年学生中有很高的声誉和威望，中央的这个决定，可以吸引和争取更多的知识分子和青年学生投奔中原大学。

1948年10月29日，潘梓年副校长、孟夫唐教务长及华北大学李光灿等24名同志来校，刘伯承司令员、刘子久副书记专门接见了这批干部，邓小平、陈毅此时已赴前线，未能参加这次接见。刘伯承司令员勉励来中原大学工作的同志们放手工作，尽快为新中国培养建设人才。

随着干部和师资逐步到位，中原大学正式组建行政系、财经系、文艺系、新闻系、医务系共五个系，各项工作也全面开展起来，学校获得了迅速发展。1948年11月12日，学校建立了开封分校。11月27日第一、第二两个大队的169名学员毕业，除少数被分配至机关工作外，绝大部分或留校或参加中原大学新闻班。11月28日，学校成立第十七大队，全校共有学生2194名。

1948年11月，中原大学研究班学员毕业合影

(三) 人才荟萃的中原大学

正是因为人才荟萃,中原大学才有了超常规发展。1949年8月12日,中原大学迁至武昌并举行开学典礼,学员共2892人,分五个分部十九个大队,规模空前。按一般人的思维,中原大学作为特殊年代、特殊地点、特殊需要而产生的大学,是没有像样人才的。事实却是,中原大学人才荟萃,还辐射和延伸影响到新中国成立后的很多领域,特别是文化教育战线。

首先,动议和草创中原大学的邓小平、刘伯承、陈毅、邓子恢、张际春、李达、陈斐琴等,本身就是一群战功赫赫的儒将,他们或是战略家、理论家,或是诗人、文学家,或是党的宣传战线和思想政治工作卓有成就的领导者。

中原大学在校生欢送毕业生奔赴工作岗位

其次，在中原大学筹建过程中，奔赴而来的干部和教师也都是有名望的学者。1948年6月29日抵达的79人中，嵇文甫时任河南大学文学院院长兼历史系主任，后来成为著名的教育家、史学家、哲学家，也是郑州大学首任校长；王毅斋时任河南大学经济系系主任，1928年毕业于维也纳大学，获经济学博士学位，新中国成立后曾任河南省副省长；罗绳武毕业于北京师范大学国文系，师从钱玄同、李大钊和鲁迅先生，时任河南大学副教授，著有《鲁迅在北师大》《民俗学之社会史的研究》《社会发展史纲》等；李俊甫时任河南大学化学系主任，曾为英国皇家学会成员李约瑟博士撰写的《中国科学技术发展史》提供大量宝贵资料。

1948年7月29日，从晋察冀地区南下的13名干部中，朱明远、安愚、郭步云、曹建章分别任中原大学的教务、注册、秘书、总务四科的科长。朱明远1955年至1958年曾任中南财经学院党委书记；郭步云1937年就参加革命工作，新中国成立后曾任湖北省社会科学院副院长、湖北省委党校副校长和湖北省党史学会会长；曹建章当时是一位当过县长的老干部。

从其他解放区抽调和从国统区投奔而来的教师、学者很多，历史学家范文澜、"中共第一报人"潘梓年自不必多说，李光灿、林山、俞林、方衡、陈铁、田家农、何汉、陶军、崔嵬等，也都声名赫赫。文艺学院的院长崔嵬，后来主演电影《红旗谱》中的朱老忠一角，深入人心，他导演的电影《青春之歌》成为中国电影史上的经典。当时中原大学新闻系的教师中，陈克寒在新中国成立后历任新华社社长兼总编辑、文化部副部长等职；熊复是党中央机关刊物《红旗》的总编辑；李普是新华社和中国新闻摄影界的台柱子之一，曾任新华社副社长等职，他们都是大名鼎鼎的人物。

第四章　华中师范学院

一、历史概览

私立华中大学完成公立改制后,通过院系调整新组建了华中高等师范学校。华中高等师范学校自1952年11月1日至1953年10月20日存续,定位于高等师范教育。1953年10月24日,学校正式定名为华中师范学院。1985年8月5日,时国家教育委员会批复华中师范学院更名为华中师范大学,邓小平题写了校名。

(一)华中高等师范学校

1952年5月,《教育部关于全国高等学校1952年的调整设置方案》出台,该方案拟定的原则是"整顿与加强综合大学,发展专门学院",规定的时间是"预计两年内基本完成"。方案规定中南区设置综合性大学(一)中山大学……(二)武汉大学;设置"高等师范学校"华中大学,由原华中大学与湖北教育学院合并组成,广西大学生物系并入。

第四章 华中师范学院

华中高等师范学校走的是"先组后建"的路子。华中高等师范学校建校委员会充分考虑了代表的广泛性，主要由院系调整后的各方代表组成。此时，公立华中大学的校址依旧，校名依旧，招生依旧，对外称谓依旧。

1952年11月3日，华中高等师范学校建校委员会举行第一次会议，会上产生了华中高等师范学校建校委员会常务委员会，由潘梓年、徐懋庸、王自申等16人组成；成立了华中高等师范学校调整机构计划委员会，由王自申、郭抵、卞彭等9人组成；会议还讨论通过了各部门主要负责人。

1953年5月29日，《教育部关于1953年全国高等学校院系调整的计划》获政务院批准。当年，从广东省海南师范专科学校调入图画制图和音乐专修科学生54人，从平原师范学院调入历史系学生7人，从南昌大学调入师范部俄文科、文法学院教育系学生24人，华南师范学院历史系

华中高等师范学校学生宿舍

也有部分师生调入。

1953年暑假后，学校设教育、政治、中国语言文学、俄语、历史、数学、物理、化学、生物、体育、图画制图、音乐、艺术共计13个系科，学制方面既有四年的本科、三年的专科、两年的专修科，又有修业一年的高制和初制，学生规模达到1847人，其中本科学生1580人。学校定位为主要培养初级中等学校教师，课程设置主要包括政治理论科目、教育科目、专业科目和教育实习四个组成部分。

学校教师队伍也得到壮大，1953年暑假后，在册教师354人，其中教授59人、副教授36人、讲师106人、助教153人。教师队伍以专任教师为主，部分系科有少数苏联籍教师和编外兼职教师。学校鼓励建立科学研究与教学工作中的"师徒关系"，加大教师培养力度。

学校的学团工作也逐步进入正规化、规范化的新阶段。1952年11月，华中高等师范学校学生会正式成立，1954年召开了第一次学生代表大会。1953年，学校成立了体育运动委员会。为了丰富师生的文化娱乐生活，除了每周举行舞会外，学校还保证放映有教育意义的影片。中文系科和音乐系科定期的文艺晚会、体育系科定期的体育表演，深受全校师生欢迎。

（二）华中师范学院

1953年10月24日，"华中师范学院"校名正式启用。1954年9月18日，中央教育部正式任命杨东莼为院长。1954年10月19日，华中师范学院由中南行政委员会教育局主管改为中央教育部直接管理。学校系科根据国家需要在动态中调整。1954年7月16日，体育系科并入中南体育学院。1955年5月8日，以华中师范学院音乐和图画系科为基础成立武汉艺术师范学院。1962年夏天,体育系1960级、1961级学生调入武汉体育学院。1962年,湖北大学被撤销,9月14日,该校数学、物理、化学3系600多人并入华中师范学院学习和工作。1965年8月17日,120名越南留学生来校学习汉语。

1954年,学院对教学内容、教学形式和教学方法提出了规范性意见,明确

武汉藏友收藏的1953年学校改名后的招生宣传画,画作略被水浸,作者署名"艺术科王化仙"。画中人身着当年时尚的列宁装,胸戴"华中师范学院"校徽

华中师范学院曲训班(后排右二为德艺双馨的夏雨田)

学院各行政部门"为教学服务"的原则。1955年,学院又进行了3项教学改革,包括建立"教师工作日、教学工作量制度",改变班级组织形式,实行大班上课、小班课堂讨论、实习作业的方法;建立系一级行政、党、团、工会联席会议制度,加强集体领导。

　　1954年8月,学院正式向全体教师提出了开展科学研究的任务。1954年年底,教务处筹备出版了《教学与研究》杂志。1955年2月,全院学术性刊物《华中师院学报》创刊号出版,学院一大批学术专著也得以出版。1955年7月,学院第一届科学报告会举行。1957年春,学院举行了全院首次科学讨论会。

　　1954年,武汉罕见洪灾,学院1626名学生战斗在抗洪抢险的第一线,涌现出大批积极分子,76名优秀青年被批准加入中国共产主义青年团。1956年春夏之交,根据要求,学院500余名师生先后奔赴农村参加扫盲工作,受到湖北省教育厅的表彰和群众的欢迎。

物理系1956年毕业同学留影

1957年以后，由于受各类政治运动的影响，学院在曲折中艰难发展，但有些成绩仍可圈可点。一是基本确立了规范化的人才培养模式，加强学生的思想教育和管理，狠抓学风建设，编辑和出版了一批教材。二是教学和科研改革不断推进，对青年教师，明确提出要过好中学关、辅导关、教学关、外语关、科研关的"五关"要求。三是办学规模不断扩大，1958年，在校注册学生达4750人；1965年，函授生、夜大生在册学员达2509人。"文革"期间，学院招收工农兵学员6届共计6296人。在"下乡办学"中，1966年4月创建的华中师范学院大冶分院发展为今天的湖北师范大学，1966年8月创建的华中师范学院郧阳分院发展为今天的汉江师范学院。四是学术研究取得进展，出版了《亚里士多德逻辑》《汉语初稿》《中国当代文学史稿》《辛亥革命史》《说文解字约注》等一批在当时有影响力的学术著作。

1976年，"文革"结束，学院遭到破坏的各项工作逐渐得到恢复。1977年年底，全国各地相继恢复高考工作。1978年年初，通过湖北高考，学院招收1977级学员1122名。

1978年3月20日和10月23日，学院分别举行了1977

1977年高考中一个考点的考生在认真答题

级和1978级学生的开学典礼，这是因为1977年特殊高考招生情况产生的特殊现象。从1977级学生起，实施教育部统一制订的四年制本科教学计

中文系1977级二班新同学在京山分院合影

划。

1978年,学院恢复研究生招生,是年,共有7个专业招收了研究生,1979年增加到14个专业招收研究生。1981年12月5日,学院举行了首届研究生毕业典礼,35名硕士研究生经过25名专家评审,参加论文答辩,成绩优秀率达90%以上。1986年3月,学院又举行了首届博士学

1978年,学院恢复研究生招生,1982年章开沅教授(前排中)等导师与他们的研究生合影

位论文答辩会。

学院还恢复和新建了中国近代史研究所、粒子物理研究所、科学社会主义研究所等一批学术研究机构。中国当代文学学会、全国马列主义理论研究会、中国历史文献研究会等也纷纷成立，或由学院发起，或挂靠学院。1978年10月8日，学院首次成立学术委员会。十一届三中全会以后到1984年年底，学院共承担了国家科研项目50多项，每年都有50余部书籍公开出版，多名教师的成果在湖北省科学大会、全国科学大会上获奖，文科教师出版学术专著、译著和其他著作227本，发表学术论文2189篇，理科教师取得科研成果297项。这些成果有的代表了国内某一学科的研究水平，有的成为国内某一学科的奠基之作，有的填补了国内某一学科的空白，其中学院有近20部专著被教育部列为全国高等院校统编教材。

学院陆续派出教师到美国、日本、法国、加拿大、意大利、新西兰、马耳他等国考察和学习，十多个国家或地区的高校代表、学者来学院交流。"走出去，请进来"，为以后学院的开放办学、国际化奠定了基础。

二、名师名家

杨东莼

杨东莼（1900—1979），湖南醴陵人，翻译家、教育家、历史学家。

杨东莼1954年从广西大学校长任上调任华中师范学院院长，1957年担任国务院副秘书长，他在华师工作的时间虽然不长，却深深地影响了一代代华师学人。

杨东莼1919年入北京大学文科预科一年级，是年参加了伟大的五四爱国运动，开始接触和接受马克思主义思想。1920年，杨东莼与邓中夏、罗章龙等人组织北京大学平民教育讲演团。1922年回到故乡，任醴陵西山县立禄江中学校长。1923年7月在长沙加入中国共产党。1925年春，湖南省总工会成立，他担任湖南省总工会宣传部部长，并兼长沙工人日报社社长。1927年，出席第四次全国劳动代表大会，旋即东渡日本，开始了长期的著述、翻译、编辑生涯。

在日本，他首先翻译了恩格斯的《费尔巴哈论》，此书译本一出，立刻在中国学术文化界获得广泛好评。接着他又翻译了被马克思称为"我们的哲学家"的狄慈根的《人脑活动的本质》《论逻辑书简》《一个社会主义者在认识论领域中的漫游》《哲学的成果》。在日本初译、1976年重译的摩尔根的《古代社会》，现在还是最好的中译本。

从 1923 年翻译海涅的诗歌开始，到 1979 年临终前仍在伏案试译《对话录》为止，共 56 年，杨东莼都在断断续续地从事翻译工作。杨东莼学贯中西，博古通今，熟谙德、英、日三种语言，除了翻译大量外文著作之外，还出版了《本国文化史大纲》《中国学术史讲话》《高中本国史》《世界之现状》《中国历史讲话》《杨东莼报告集》等。

《本国文化史大纲》成书于日本，1931 年 8 月由上海北新书局初版。杨东莼在书中提出了"文化就是生活""文化是代表人类各方面的生活之总称""文化史乃是叙述人类生活各方面的纪录"等大文化观。《中国学术史讲话》早在 20 世纪 30 年代就被收入"民国学术经典文库"。该书以"讲话"的形式，分为"学术思想的萌芽""学术思想的解放与分野""学术思想的混合与儒家的独尊"等 12 讲，下置 94 个小题，对头绪纷繁、浩若烟海的中国学术史料，进行了爬梳整理，对中国文化传统及其思想资料进行了"取其精华，去其糟粕"的分析评价。《高中本国史》则是杨东莼在 20 世纪 30 年代中期编著的一部篇幅很大、内容比较系统翔实的教科书，赢得了当时广大师生的赞誉和欢迎。

杨东莼 1930 年年底从日本回国后，长期奋战于教育战线。1931 年到中山大学任教，次年任广西师范专科学校校长，1938 年任广西地方建设干部学校教育长，1942 年到四川，先后在内迁的武汉大学、四川大学、华西大学、厦门大学等担任教授，1948 年到香港任达德学院代理院长，1949 年被任命为广西大学校长，1954 年奉命调入华中师范学院任院长。

1954 年春，杨东莼就任华中师范学院院长后的第一次讲话，题旨就是"建设社会主义要靠真才实学",鞭策师生要不断地为建设社会主义而掌握真正的知识和本领。杨东莼坚持关心民生、以生为本的理念,主持校务期间,教学、科研逐渐受到重视,并被明确为学校的主体工作;他为学生作治学方法和政治形势报告,使学生们举一反三,大开眼界。杨东莼当时负责指导历史系的工作。在很短时间内,他就和系内的教师进行了个别谈话,而且谈话前都做过认真准备,对教师的家庭、学历、经历、专长、特点、身体健康状况和眼下遇到的困难,都做到了心中有数。这样的谈话使人感到亲切,没有拘束,他通过这个途径掌握了大量系内的情况。2014年10月,华中师范大学出版社整理出版了《杨东莼文集》,共收录杨东莼的专著10部、译著3部、译文1篇、论文76篇,共约330万字。

詹剑峰

詹剑峰(1902—1982),
江西婺源人,哲学家、逻辑学家。

1926年,24岁的詹剑峰赴法留学。在法国学习期间,他结识了巴金,并与之成为好友。当时,詹剑峰住在法国玛伦河畔一个叫作沙多—吉里的小城。晚他一年到法国留学的巴金也在此养病并补习法文,他们一同寄居在当地一所中学里,因为志趣相投,两人很快结为好友。每天清晨,他们都起得很早,常常一起出门,在寂静的玛伦河边的树林里散步、谈话,边走边讨论问题,共同度过了一段美好时光。

詹剑峰是巴金第一部小说的第一个读者。1928年,巴金处女作《灭亡》完稿，他把内容誊清在五本硬纸面的练习本上，并把这五本誊清稿交给詹剑峰看。詹剑峰很欣赏巴金的文学写作才能，认真阅读过后，给予了"写得精彩，好看"的好评，也指出小说在文字上的些许疏漏处。巴金信心倍增，决定自费出版此书。在拟定笔名时，出于对一位客死异乡的同学的纪念，巴金取其姓名中"巴"字作为笔名的第一个字，恰好詹剑峰从外面进来，他见巴金正为笔名苦苦思索，一眼看到桌上放着英译本克鲁泡特金的《伦理学》，就笑着建议用那个"金"字，巴金欣然接受，就在"巴"字后面加了个"金"字。"巴金"之名由此产生。

那时他们风华正茂，在异国他乡寻求真理，并结下深厚友谊。时光悠悠，这两位当年的好友在以后的人生长河中选择了不同的事业：巴金走上了文学创作道路，成为20世纪中国最有影响力的作家之一；而詹剑峰则沉潜于书斋，从事哲学、逻辑学的研究，亦是硕果累累，成为著名学者。

学成归国后，詹剑峰来到华中师范学院任教，詹剑峰攻读的是西方哲学，但他的学术成就却主要是中国哲学，尤其是他对老子、墨子的研究颇负盛名。其代表作《墨家的形式逻辑》认为"《墨经》基本上是墨子自著"，提出了"辩学（逻辑）者是墨子"的观点。他视墨书为一整体，引证墨书的其他篇章说明墨子一贯的逻辑体系，独创了墨家形式逻辑体系学说。该书出版后，引起国内外学术界的重视，几次再版，行销德国、美国、新加坡、日本等国家及中国香港地区。

他的著作还有《哲学概论》《伦理学》《科学方法论》《西洋古代哲学史》《西洋近代哲学史》《西洋政治思想史》《西洋文化史》《墨子的

哲学与科学》《老子其人其书及其道论》等，发表学术论文十数篇。这些著作和论文都提出了一些富有创造性的见解，在学术界影响至今不衰。

詹剑峰提倡"忠于史实、融贯东西、独辟蹊径"的学术道路和"踏实、虚心、有恒和勇敢"的学术态度。他说："我们著述，必须反对'洋洋大观，言无创新'。没有新思想、新观点，就不能动笔，一旦动笔就要深钻材料，潜心苦思，反复推敲。"他是这样说的，也是这样做的。《老子其人其书及其道论》一书1962年就已写出了第二稿，当时出版社就决定出版，但他仍坚持修改，经过近20年的思考，直到他去世那一年——1982年才正式出版。

詹剑峰这种孜孜以求的学术品格不仅贯穿于他的整个学术生涯，还启迪着不断的后来者。

张舜徽

张舜徽（1911—1992），湖南沅江人，国学大师、历史学家、文献学家。

著名学者蔡尚思称其为"有学问的通人"，香港著名学者曹聚仁先生认为其"经史之学成就实在如雷贯耳的钱穆之上"，北京大学王余光称其在古典文献学领域"构建了学科思想、方法与研究规模，并成了古典文献学的基本范式"，北京师范大学的徐梓将其作为20世纪中国史学中"与陈垣并列为现代总结性史学最为典型的代表人物"，原国家教委古籍委称其为"海内大家"，清华大学思想文化研究所说他的去世是"巨星陨落"……

他就是华中师范大学的张舜徽先生。《辞海》中的"张舜徽"条如是介绍：中国学者，湖南沅江人。崇尚乾嘉朴学，治学以文字、音韵、训诂为根柢，长于版本目录、校勘、考据，在经学、小学、史学诸领域均有成就。曾任兰州大学教授、中文系主任。新中国成立后，历任华中大学教授，华中师范大学教授、历史文献研究所所长，中国历史文献研究学会第一至第三届会长，著有《广校雠略》《中国文献学》《郑学丛著》《清人文集别录》《中国古代史籍校读法》《说文解字约注》《中华人民通史》等。

"才赋于天，学成于己。""学校可以培育人才，而人才不一定出于学校。以出类拔萃之士，不必皆肄业于学校，而奋起自学以成其才者济济也。"1992年初冬，他在《自学成才论》中总结了自己为学的秘诀。此后，未及一月，他竟溘然长逝。张舜徽几乎没有进过学校，完全靠刻苦自学才成为淹贯博通、著作等身的一代通儒。

张舜徽基本上每天都是早晨四五点钟起床读书写作。天热，就在桌旁放一盆冷水，把湿毛巾垫在胳膊下。天冷，手冻僵了，就在暖水袋上捂一下，继续写下去。雨天房子漏水，就用面盆接住，水从室外灌进屋里，就整天穿上胶鞋写作。他60多年笔耕不辍，给后人留下24部专著，近1000万字，而且全部用毛笔撰写完成。1941年，刚刚30岁的张舜徽受聘蓝田国立师范学院中文系讲师。1944年，33岁的张舜徽成为民国大学中文系教授。1946年秋，张舜徽受兰州大学和西北师范学院之聘，同时任两校中文系教授。他的授课，就如他的著述一样精彩，滔滔不绝，挥洒自如，从不照本宣科。一次，张先生给学生讲《尚书》，竟模仿汉初伏生的模样，弯腰驼背，双手背后，仰着头用湘北方言结结巴巴、抑扬顿挫地背书，满堂学子忍俊不禁。

1949 年新中国成立后，张舜徽到武汉中原大学任教。华中师范学院成立后，张舜徽任华中师范学院历史系教授，直到 1992 年 11 月 27 日逝世，张舜徽在华中师范大学执教 40 多年。1979 年，张舜徽倡导创建全国一级学会"中国历史文献研究会"，并担任会长 10 年。1981 年，张舜徽被评为历史文献学博士生导师，也是中国第一位历史文献学博士生导师。1983 年 5 月 3 日，张舜徽先生又创建华中师范大学历史文献研究所，并任所长 10 年。

"春蚕到死丝方尽，蜡炬成灰泪始干。"张先生将他的整个生命都交付给了学术，他的等身著作给后人留下了宝贵的精神财富，他的勤奋治学精神激励着一代又一代的华师学子。2004—2009 年，华中师范大学出版社陆续出版了《张舜徽集》共 5 辑，每辑 5 册。

陶　军

陶军原名陈晶然，从 1948 年 6 月入中原大学，到 1987 年 4 月 9 日因病去世，他将全部心血献给了华中师范大学。私立华中大学改制的时候，校长韦卓民先生就曾希望学校公立后由中原大学的陶军担任公立华中大学秘书长。当时 63 岁的韦卓民是怎么了解只有 30 多岁的陶军的呢？这里有段趣事：

> 1950 年冬天，在武汉大学礼堂里，一位准备接收私立华中大学的中原大学军代表，给武汉大学、私立华中大学的教授们作报告。前来听报告的好些是老教授，而报告人只是一位刚过而

第四章 华中师范学院

立之年的青年人。这个青年人就是陶军。陶军用一口标准的普通话，向与会者讲解共产党的知识分子政策，介绍马克思主义哲学，报告声情并茂、扣人心弦，打动了在场的多数听众。人们窃窃私语："这位作报告的军代表是谁？"

陶军（1917—1987），安徽贵池（今池州市贵池区）人，教育家、哲学家、演说家。

孰料，会场不一会儿骚动起来了，原来有人从台下递上来一张用英文写的纸条："你陶军根本不懂得什么是马克思主义，你讲的是你自己的主义。"写纸条的人瞧不起这位衣着土气的军代表，他要当众出共产党人的洋相。陶军沉着地讲完一个部分之后，举起递上来的纸条，用流利的英语对全场听众说："我刚才收到一张用英文写的纸条，为了回答他的问题，下面的报告我改用英语进行。"当陶军指出纸条中的错误后，全场爆发出一阵热烈的掌声，人们对这位年轻的军代表肃然起敬。

1938年9月至1940年12月，陈晶然就读于北平燕京大学英语系、政治系。由于深受北平进步学生运动的积极影响，他毅然决定投笔从戎，便悄然离开燕京大学，历尽艰辛抵达晋察冀抗日革命根据地中心平山县，从此更名为"陶军"。1943年3月经邓拓、陈春森同志介绍加入中国共产党。

1948年6月至1949年11月，陶军随军南下中原，任中原大学政治教员，组织编写《国际三十三年》，作为中原大学国际政治和国际关系课程教材。1949年12月至1951年9月，任中原大学教育学院政治系主任兼俄语系主任、党总支委员，出版教材《辩证唯物论简明教程》。

陶军受人尊敬，不仅由于他口才好，学术研究成果多，更由于他独特的人格魅力。他十分关心师生，经常到师生宿舍看望师生、勉励师生。尽管高度近视，眼力不济，但他对学生的作业精心批阅，连标点符号都不放过。其中，关于陶军主持创办学校出版社之事，曾任出版社总编辑的黄弗同教授回忆：

有一次开编辑会议，没有会议室，大伙儿只好冒着酷热，在树荫下开会，黄弗同便抱怨办出版社真难，要钱没钱，要人没人，要房子没房子，叫我们咋办？陶军听了，顿了一会儿说："没困难，要我们干什么？这有点像当年在敌后打游击，带几个人出去，赤手空拳，便要创出一大片根据地。创业难，这是一个方面；创业也有乐趣，带上大伙儿从无到有地创造，不是挺有意思嘛？"

华中师范学院成立后，他先后担任副教务长、教务长。陶军十分重视师资队伍建设，他创造性地提出，高师的青年教师要"过五关"，即教学关、科研关、基础关、中学关、外语关。他号召全校中青年教师向先进典型学习，推广优秀青年教师教书育人经验。杨东莼校长到任后，学校在教务处设立科研科，陶军鼓励教师参加校内外各种学术活动，在学校积极营造浓厚的学术氛围。

当北京拉开批斗邓拓、吴晗、廖沫沙"三家村"的序幕之后，因陶军与邓拓是晋察冀根据地的上下级和好战友，他首当其冲地被推上了所谓的"历史的审判台"，不仅被撤销了党内外一切职务，身体、人格和精神受到折磨,甚至被开除党籍,工资降两级。直到 1978 年 12 月,中共湖北省委才为其平反昭雪。

1980 年 1 月,陶军正式恢复在华中师范学院的工作,担任华中师范学院副院长、校党委常委、学术委员会副主任委员、哲学专业硕士研究生导师。1981 年至 1983 年,陶军出任中国驻联合国教科文组织副代表,完成了他 30 多年以前企望转战外交战线的夙愿,在国际舞台上展示了他的风貌与才华。由于年龄与健康原因,1985 年 3 月起,陶军改任华中师范大学顾问兼华中师范大学出版社总编辑。1987 年 4 月 9 日,由于积劳成疾,陶军因心脏病猝发辞世。

高 原

高 原(1920—1986),辽宁义县人,教育家、科学社会主义理论家。

一流的大学离不开一流的学科,一流的学科离不开一流的学科带头人。华中师范大学政治学科能有今天的发展,离不开高原教授的贡献。高原是研究科学社会主义的著名学者,曾任华中师范学院副院长、党委书记,华中师范大学党委书记。高原教授 1986 年逝世,学校通过设立高原奖助学金、高原讲坛等形式来缅怀这位政治学科的奠基者。

高原,原名高清政,1920 年出生,辽宁义县人。1928 年入义县沟河寨小学,1933 年入义县第一小学,1935 年义县初级中学就读,1938 年到义县国民高等学校学习,1939 年就读于长春财务职员养成所。1940 年到山海关海关当职员,1943 年冒着生命危险从东北沦陷区到四川三台东北大学求学。1944年参加革命，1945年先任冀热辽行署文化教员，后入晋察冀华北联合大学学习。

1946年4月，高原加入中国共产党。1948年，他先任华北联合大学政治学院院长，后随军南下，参与创建中原大学，任学员大队主任兼政治教员。1952年到中国人民大学进修，并任主讲教员。1952年为筹办华中高等师范学校再次南下，任政治系主任。之后，历任华中师范学院党委宣传部部长、党委常委、党委办公室主任、副院长等职。

高原教授师从成仿吾、何干之等理论家，在国内理论界、学术界和教育界享有盛誉，他与中国人民大学的高放教授并称为科学社会主义研究领域的"二高"。1978年6月，他倡导、筹建并亲自领导了政治系科学社会主义研究室，1984年从政治系分离出来成为独立建制的研究所，是全国高等学校中唯一以科学社会主义命名的专门研究机构。高原教授几十年来在教育战线和理论战线上，为宣传马克思列宁主义、毛泽东思想进行了创造性的工作，1978年以来为我国科学社会主义学科的创建和政治学学科的恢复做出了贡献。高原教授思想敏锐，视野开阔，治学严谨，曾担任国家"六五"哲学社会科学规划项目《中国大百科全书》（科学社会主义卷）、《科学社会主义在中国》（社会主义精神文明建设）等项目的带头人。他撰写和主编教科书、专著4部，发表论文70余篇，共计200余万字。其中，1981年2月，高原在国内率先主编出版《科学社会主义》教材，教育部发文确定该教材为高等院校文科教材，后多次修订再版，1987年获全国优秀教材一等奖。

高原教授是 1978 年我国恢复重建学位制度后第一批招收研究生的导师，是恢复专业技术职务制度后第一批被评聘为教授职称的教师，是国务院第一届学位评定委员会法学组成员，还是我国科学社会主义专业首批博士研究生导师。逝世前，高原为华中师范大学党委书记兼科学社会主义研究所所长、中国科学社会主义学会理事、湖北省社会科学联合会委员、湖北省政治学会名誉会长及《社会主义研究》杂志主编。

高原教授作风正派，不尚空谈。逝世后，国家教育委员会、中共湖北省委、湖北省人民政府、中共武汉市委、省直有关部门、湖北各高等院校等给予了其很高的评价。

三、风物逸事

（一）"鬼子山"变成桂子山

"我有一个家,在静静的桂子山上。那里有许多的老师,他们都很慈祥;漂亮的女生楼里,姑娘像花一样;每天下午的操场上,是男孩最多的地方;拥挤的宿舍楼里,是我最留恋的地方。"这一曲《桂子山上》,被传唱多年。半个多世纪过去了,桂子山的一些传说,依然被代代华师人所谈论。

在华中高等师范学校建校委员会刚成立之时,学生从原来的800多人增加到近2500人,老校区武昌昙华林实在满足不了学校发展和教学的需要。中南军政委员会批准划拨武昌喻家山以北6000亩土地作为学校建设用地。学校立即组织专班实施勘测、规划,至1953年7月,学校已绘制了平面图,制定了施工计划,而且购置了部分基建材料。但遗憾的是,设计和施工报告被武汉市城建委否定,他们认为喻家山校址远离武汉市区,交通、水电给市政建设带来困难。学校不得不一边另觅新址,一边改扩建昙华林校址。

1953年10月,学校再次向中央教育部和中南文教委呈递报告。中南文教委、武汉城建委、华中师范学院三方反复沟通协商,终于在月底确定在武汉大学以南、南湖以北地区另行划拨土地用以建校。11月,武汉市政府决定调拨以武昌猪头山、桂枝山为腹地,东至卓刀泉,南跨龙家湾、陈家湾至南湖一片沼泽地,北抵珞喻大道的成片土地给学校建设新校区,面积3000余亩。同时,政府相关部门也明确了昙华林旧址、千家街附属中学的地产和校产仍归华中师范学院所有。

当时的猪头山与桂枝山,是与武汉市郊接壤处的一片杂草丛生的乱坟场,民间俗称"鬼子山"。直到21世纪初,学校西区学生宿舍附近下往大操场的几处台阶,多级阶梯还是以当年的墓碑铺垫,有些还是字面朝上,文字清晰可见。桂枝山原是一座青石山,后来成了学校建校就地取材的采石场,也是1958年兴建武汉长江大桥的主要采石场之一。

20世纪50年代师生在新校区义务劳动

刘介愚、郭抵、陶军等同志检查新校区建设

1953年12月,学校开始在猪头山勘测并破土动工,中南文教委奉中央教育部令向学校下拨了建校专款220亿元(旧币)。1954年9月,在工程建设大军武汉建筑三公司千余职工的努力下,猪头山与桂枝山两座山头被削平,7000余座坟墓被迁移,土建工程大规模上马,昼夜不歇。1955年秋天来临的时候,一个颇具民族特色、初具规模的大学校园展现在人们面前。1、2号教学楼古色古香,蓝天碧瓦、熠熠生辉。西区学生宿舍3栋,排列齐整，中西合璧，栋高三层，碧瓦灰墙，全木地板，全木门窗。其他如学生宿舍4、5、6栋也建成三分之二，老3号教学楼亦准备开工，学生宿舍南面的一大片水田已被填平并准备开发为运动场。

1955年9月8日，新校舍第一期工程竣工。就在竣工的前一天，中文、历史、政治、教育四系1500余名老生迁入新址上课。随之，四系系部和图书馆、卫生保健室分诊所、一部分物资集中在9月10日至13日搬迁完毕，四系的新生也在17日迁往新址。为了做好后勤保障工作，学院还在西北区加紧建了两排平房，理发室、邮亭和慢性病室都设在那里，合作社和百货公司也在接洽设置中。至此，昔日一片荒芜的猪头山开始变成书声琅琅的大学校园。

20世纪50年代从新校区看东湖一目了然

学校早期建筑设计出自谁之手？根据学校档案馆的资料和章开沅先生的回忆，原始基建图纸上所署主任工程师为当时中南设计院的副总设计师王秉忱，他负责总体规划，具体的设计者则是著名女建筑师何浣芬（1925—1998），当时何浣芬非常年轻，在设计华师这批建筑时，还未满30岁。

新校园建设初期，山上除草木丛之外，没有多少树木，更没有草坪。每逢刮起大风，校园内黄沙满地，不一会儿，桌椅板凳上便是一层薄薄的沙土。为彻底改变这种现状，绿化、美化新校园，根治风沙，学校委托生物系拟定新校区绿化计划。绿化计划完成以后，学校还委托东湖风景区管理处设计室进行了绿化设计。1955年11月至1956年7月，第一期绿化工程全面启动。

在新校区绿化的过程中，当时的学校领导、干部、教师，特别是1954级至1957级学生吃了不少苦，流了不少汗。当时学校以系、级、班为单位，分片分区包种包管，由于山上土壤贫瘠，砂石保存不了水分，种下的树苗要带上一团土才能存活，这需要付出成倍的劳动，为此师生牺牲很多休息时间，才为新校园种下了第一批"绿"。

不仅如此，当时学校的道路也很差，东西主干道是一条人工辟出的碎石路，从山上到街道口，也只有一条从坟地里踏出的羊肠小道。现在校园从北大门到老图书馆的主干道，就是1958年暑假前后，全校师生日夜不停地苦战3个月，抢在9月份新生报到前开通的。

随着教学楼和宿舍等建筑的逐渐建成，道路的不断开辟，猪头山和桂枝山也逐渐连在了一起。无论是猪头山，还是"鬼子山"，不雅的名字变成了师生的困扰。新校园是何时得名桂子山的呢？

华中师范大学文学院老教授黄济华回忆，应该是先有"桂子山"这个名字，然后才有满山遍野的桂花树。正如闻一多先生当年把武汉大学校址罗家山改名为珞珈山一样，据说，是时任学校党委书记的刘介愚，灵机一动，别有会心，利用谐音，将"鬼子山"（桂枝山）改名为桂子山。为了以实副名，学校开始在山上广植桂花树。

随着岁月的推移，桂花树越来越多，金桂、银桂、丹桂等品种一应俱全，为全国高校之最，真乃名副其实的桂子山！每年金秋十月，满园桂花飘香，桂子山名扬三镇。桂花芳香四溢而又朴实无华，这正好契合了人民教师的身份。随着学校的发展，桂子山更是成为名扬全国的秀雅名山。

（二）"一二·九"诗赛

诗歌是一团火，在人的灵魂里燃烧。这火燃烧着，发热发光。诗到处洋溢着，凡是有美和生命的地方就有诗。确实如此，生活不只是眼前的苟且，还有诗和远方。

几乎每年的12月9日前夕，湖北省高校"一二·九"诗歌散文大赛决赛暨颁奖典礼都会在华中师范大学举行。截至2018年，已经是第三十四届了。这项活动，基于历史和传统，几十年来一直由共青团湖北省委、湖北省学生联合会主办，共青团华中师范大学委员会承办。

> 1984年12月9日下午，来自武汉地区14所高校的2000多名诗歌爱好者，挤满了华中师范学院大礼堂，由华中师范学院学生诗社倡导，华中师范学院主办的武汉地区高校首届诗歌邀请大

赛在此隆重举行。著名诗人白桦、曾卓、骆文、管用和、熊召政等担任评委，《人民日报》《长江文艺》《芳草》《湖北青年》等新闻媒体和文学期刊的编辑记者应邀参会。大赛开始，时任华中师范学院院长的章开沅、时任团省委副书记的倪德斌即席演讲，诗人白桦和曾卓分别激情朗诵《青春不会消亡》和《献给年轻的歌手们》，随后30名学生诗人朗诵了自己的作品。首届大赛经过评委们无记名投票，最后评选出创作奖7名、表演奖6名，并现场颁奖。《湖北日报》第二天在头版对活动进行了报道。

1985年第二届"一二·九"诗赛结束后评委与获奖者合影

首届诗社骨干成员合影

　　随着"一二·九"诗歌邀请大赛的影响越来越大，自1996年始，该项活动改为由共青团湖北省委主办，华中师范大学共青团委员会承办。2005年12月，为丰富活动形式，更多地为青年服务，大赛在体裁上增加了散文作品。2010年12月，为更好地弘扬名家的经典作品，大赛在形式上增加了"非原创类作品朗诵"环节。2014年12月，为进一步弘扬中华诗词经典文化，大赛在体裁上增加了古体诗词作品评比。大赛本身也逐步由一个纪念"一二·九"学生爱国运动的诗歌比赛发展成为全省高校开展爱国主义教育的大型综合性文艺活动。

　　追本溯源，彰显华师学子爱国、责任和担当的"一二·九"诗歌活动，实际上可以溯及1981年12月8日。当晚，华中师范学院学生会组织了以"三热爱""三歌颂"为主题的"一二·九"诗歌朗诵会。受华中师范大学和湖北省高校"一二·九"诗歌散文大赛的启发和影响，"一二·九"诗歌散文大赛活动已在全国各地高校普遍开展。但从目前掌

握的兄弟省份、兄弟高校举办的届数和简介来看，还没有早于华中师范大学的。

"一二·九"诗歌活动兴起于华师，并不是偶然的。20世纪80年代，伴随着全社会的诗歌热潮，当时的华中师范学院二学生食堂和三学生食堂（现桂香园餐厅位置，20世纪90年代拆除）以及西区开水房的墙面上每周都有新刷上的诗歌墙报，每栋学生宿舍楼前的诗歌黑板报每天都会吸引一大群学生端着饭碗阅读。那时，每年在华师大礼堂举办"一二·九"诗歌大赛，犹如一场节日盛宴，2000余人的位置都会被挤得水泄不通，连过道里都站满了聆听者，甚至还有一部分人因未能进入礼堂而在外面的窗户下倾听，每一次精彩的朗诵都会引发经久不息的掌声。

兴起于华师的"一二·九"诗歌活动，是那个时代高校校园文化活动的一个缩影，不仅丰富了青年学子的精神生活，更在某种程度上影响了他们的心灵，诗人剑男曾引用法国天才诗人兰波的诗"我生命之中的世界，用我全部生命创造出的世界在我眼前渐渐闪现了光华，在我周围燃起了烈焰，将我的内心世界照亮"来形容"一二·九"诗歌活动对他的影响。"一二·九"诗歌活动催生了一大批从华师走出去的诗人，如董宏猷、李磊、周恒发、鄢元平、韩雨、李鲁平、张执浩、剑男、魏天无等。1935年12月9日，"一二·九"学生运动点燃了青春的激情，沸腾了青年的热血，"青春的呐喊，划破了神州大地的沉寂；坚定的信念，照亮了祖国山河的晨曦"。斗转星移，正如老校长章开沅在第一届诗赛上说的那样："每一个时代都有每一个时代的诗歌，生活中不能没有诗，正如生活中不能没有音乐和鲜花一样。"我们在缅怀历史的同时，都不能忘记了仰望星空，因为"生活不只是眼前的苟且，还有诗和远方"。

第五章　华中师范大学

一、历史概览

1985年7月14日，华中师范学院向当时的国家教育委员会呈送报告，请求将校名更改为"华中师范大学"，以适应形势变化和学校发展的需要。8月5日，国家教委下发批复，同意所请。从"学院"到"大学"，标志着学校发展从此进入了一个新时代。

（一）向综合性重点大学迈进

1987年7月，历时三载的"五定"方案正式形成。所谓"五定"，即定任务、定专业、定学制、定规模、定编制。在这个方案中，学校正式提出"用10～15年或者更长一些时间，建成高水平的包括文、理、教、管、艺综合发展的师范大学"。围绕这个目标，学校一方面坚持师范特色，一方面适时建设和发展非师范类专业。到2001年，学校的师范类专业和非师范类专业基本持平，各23个。到2013年，非师范专业增加到44个，本科专业总数增至71个，涵盖了教育部本科专业目录中的十大学科门类，基本实现了综合性大学的学科专业结构布局。在布局综合性重点大学的过程中，学校将专业教育和学科建设摆在突出位置。

早在"五定"方案酝酿期间，学校就明确提出了"本科为本"的办学指导思想。为落实这一办学思想，1988年，学校在教务处设立了实践教育管理科，推动实践教育的有序开展；设立教材出版补贴基金，推荐出版自编教材。1989年，学校成立了教学委员会，由来自本科教学、管理一线的39位专家担任委员，以提升本科教育管理的民主性与科学性。在"本科为本"思想的指引下，一方面，有影响的教学成果和奖励层出不穷：1988年，学校三种教材获国家教委优秀教材奖，章开沅等主编的《辛亥革命史》和高原编著的《科学社会主义》获一等奖；1989年，祁守仁等的《把近代物理实验室建成教学、科研、生产三结

庆祝首届教师节暨学校更改校名大会主会场

合基地》、黄曼君的《新观念、新思维下文学教学总体探索》获国家级优秀教学成果奖。另一方面，学生的综合素养和自主学习能力有显著提升。1985年，中文系学生发现当代青年普遍对戏曲不感兴趣，便深入剧场，走访演员，写出了《当代观众的审美要求与戏曲改革》的文章，就戏曲如何适应青年的需要发表了颇有见地的看法，该文荣获1985年湖北省大学生优秀科研成果一等奖。

1985年，学校开展重点学科的试点工作，将有机化学、中国近代史列为学校重点学科试点。1987年，将中国近现代史、历史文献学、科学社会主义、理论物理、有机化学5个学科列为首批校级重点学科，这5个学科的带头人分别为章开沅、张舜徽、高原、刘连寿、张景龄。1988年，中国近现代史率先跻身国家重点学科行列。同年，校级重点学科扩展至11个，新增教育基本理论、经济地理、现代汉语、运筹学与控制论、中国现当代文学以及昆虫病毒学6个学科。

同时，学校非常重视活动育人、环境育人。20世纪80年代的学生热爱学习，思想活跃，关心社会，热心公益。学校因势利导，举办"一二·九"诗赛、"桂子山之春"艺术节、科技文化节、人文讲坛等丰富多彩的校园活动，在湖北高校中产生了较大影响。

学校坚持将优化育人环境作为百年树人的长远大计来抓。在园林绿化部门的辛勤努力下，校园绿化率达77.8%，学校被评为"全国绿化先进单位"。从1986年开始，学校连续多年被武汉市授予"保卫工作先进单位"称号。

(二) 进入国家重点建设高校行列

在国家高等教育"211工程"尚在酝酿之际，学校便着手准备，1993年9月正式向国家教委递交了申请进入"211工程"建设高校的报告，提出"以《中国教育改革和发展纲要》精神为指导，面向21世纪，面向社会主义现代化建设，力争在2000年前，将我校教学、科研和管理水平提高到一个新的高度"。为此，学校一方面继续大力推进教学改革和学科、专业建设；另一方面整合校内外资源，推行合作办学模式。

20世纪90年代以来，学校根据实际变化适时提出：教学改革要主动适应社会主义市场经济体制的需要，以人才市场为导向，进一步明确不同层次的培养规格，拓宽和调整专业方向。"八五"期间，增设了适应社会发展需要的9个应用性本科专业和10多个应用性专科专业；历史学、物理学分别被评为国家文科、理科基础科学研究和教学人才培养基地。"九五"期间，又增设了14个本科专业，新增国家文科、理科基础学科人才培养和科学研究基地各1个。在此期间，涌现了一大批优秀教学成

1985年更改校名之后的学校大门（北门）

果。如 1992 年，王庆生主编的《中国当代文学史》和王道俊主编的《教育学》获国家级优秀教材奖；1993 年，王先霈等主持的《文艺学教学体系的开拓与改建》获国家级教学成果一等奖。2003—2013 年的十年间，学校积极致力于拔尖创新人才培养的探索，在人才培养模式上推行了多项改革举措：其一，依托历史学和物理学两个国家本科人才培养基地，培养拔尖创新人才；其二，创办交叉培养实验班，培养创新性复合型人才；其三，实施"博雅计划"，对优秀学生实行重点培养；其四，实施"未来教育家培养计划"。

1996 年，学校提出"经过几年的建设，使学校几个重点学科成为国家'211 工程'建设的重点学科"。1997 年，学校向教育部提出，重点建设中国近现代史、科学社会主义与国际共产主义运动、汉语言文字学、教育学原理、理论物理 5 个重点学科，经教育部同意，立项建设。"九五"期间，新增 2 个一级学科博士学位授权点，还新增了 3 个国家级人文、社会科学重点研究基地，这标志着学校人文社会科学研究已进入"国家队"的行列。2003—2013 年，研究平台建设也取得了显著成效，学校人文社科研究平台除 3 个教育部重点研究基地之外，还成功申建各类各级研究平台 16 个，其中有"中国文化产业研究中心"等 6 个部级重点研究基地，10 个湖北省人文社科重点研究基地。2019 年，学校获批教育部首批融媒体建设试点单位，成为 11 所入选高校中唯一的师范院校；马克思主义学院入选第三批全国重点马克思主义学院。学校自然科学研究平台布局更为全面、合理。2009 年，立项建设国家数字化学习工程技术研究中心，实现了我校国家级研究基地的突破；2 个实验室通过教育部验收，成为教育部重点实验室；3 个实验室通过湖北省科技厅、教育厅组织的验收，成为湖北省重点实验室；2个工程中心建设成为湖北省工程中心。

  学校注重与其他高校开展联合办学，整合育人资源。早在1994年初，学校就与武汉工业大学一同倡导合作办学，同年7月，两校签署合作办学协议。其后，同济医科大学、华中农业大学、中南财经大学、武汉汽车工业大学等校相继加入。1996年初，上述六校在学校科学会堂签署合作办学协议，时任湖北省委书记贾志杰、省长蒋祝平参加仪式并讲话。自2001年开始，合作办学扩展为七校联合，即七所在汉的部属大学联合办学。

  这一时期，学校的思想政治工作和精神文明建设也取得了显著的成绩，先后涌现出一批受到团中央和全国学联表彰的优秀学生和先进集体。比如，全国"三好学生"冯圣兵；1999年，物理系1996级基地班被评为"全国先进班集体标兵"；2001年，历史文化学院9701班被评为"全国先进班集体"。学校连续6次被湖北省委、省政府评为"最佳文明单位"，并于2009年进入"全国精神文明建设工作先进单位"行列，2011年更是荣膺"全国文明单位"称号。由音乐学院牵头组织的女子无伴奏合唱团"天空合唱团"荣获第十三届CCTV青年歌手大奖赛银奖、第十届中国合唱节女声合唱组金奖等荣誉，多次赴国外演出，反响良好。学校的办学条件和办学环境也持续改善。2003年以来，学校对校园总体规划进行了修编，不断加大校园基本建设力度，先后获得"全国绿化奖章""全国绿化模范单位""首届中国绿化博览会组织奖"等荣誉。2019年基本完成雨污分流和主干道改造工程，校园变得更加干净、更加美丽。

2005年,学校以17项全优的成绩通过教育部本科教学工作水平评估,赢得了广泛的社会声誉。也是在这一年,学校正式进入国家"211工程"建设序列。根据国家发展改革委员会、教育部、财政部文件精神,学校提出了"以重点学科建设为核心"的总目标,重点建设7个重点学科建设项目。"十一五"以来,学校顺利完成"211工程"总体建设目标。学校综合实力持续增强,办学规模进一步扩大,办学层次进一步提升。到"十一五"末期,学校国家重点学科增至9个(含1个培育学科),一级学科博士学位授权点增至14个。在2011年全国第三轮学科评估中,学校有5个一级学科排名全国前五;在2012年教育部学科评估中,学校6个学科进入全国十强。在2016年全国第四轮学科评估中,学校有4个学科进入A类。

学校在推进"211工程"建设的同时,还积极开展了建设"985"优势学科创新平台的工作。2007年,为贯彻落实师范生免费教育政策,学校制定了师范生免费教育实施方案,其核心内容是"提前录取,免费教育,精心培养,确保就业,带薪读研"。2008年,学校正式入选国家教师教育"985"优势学科创新平台。2009年,为进一步落实部属师范大学师范生免费教育示范举措,推动教师教育改革发展,培养和造就大批优秀教师和教育家,教育部启动实施了"教师教育创新平台项目"。学校抓住机遇,随之成立了"教师教育创新平台学科创新工作组"和"教师教育创新平台免费师范生工作组",具体负责平台建设工作。经过几年的探索,学校建立了"一本三化"的新型教师培养模式。所谓"一本三化",即以培养未来教育家为根本导向的目标定位,以实践化为取向的课程体系改革,以立体化育人环境构建为关键的教学模式改革,以信息化为支撑的培养条件改革。学校为我国基础教育事业培养了一批合格的师资队伍和教育管理人才，已经成为中南地区乃至全国的"人民教师的摇篮"。仅在湖北武汉地区从事基础教育的队伍中，就有数以百计的华师校友被评为特级教师，他们是毕业于华师数以万计的优秀教师及教育工作者中的杰出代表。

2017年，学校的政治学和中国语言文学入选国家"双一流"建设学科。所谓"双一流"建设，就是建设世界一流大学和一流学科，这是党中央、国务院在新的历史时期，为提升我国教育发展水平、增强国家核心竞争力、奠定长远发展基础而作出的重大战略决策。2015年8月18日，中央全面深化改革领导小组第15次会议审议通过《统筹推进世界一流大学和一流学科建设总体方案》；10月24日，国务院印发该方案，对统筹推进世界一流大学和一流学科建设的总体要求、主要任务、支持举措和组织实施等作出了战略部署。嗣后，教育部会同财政部、国家发展改革委研究制定了具体实施办法。2017年正式评出第一批"双一流"建设高校和学科。经过两年的建设，2019年学校顺利完成国家"双一流"建设中期评估工作。

2020年初，突发的新冠肺炎疫情侵袭神州大地。这是新中国成立以来发生的传播速度最快、感染范围最广、防控难度最大的一次重大突发公共卫生事件。面对疫情，学校党委坚决贯彻党中央决策部署、严格落实上级指示要求，积极应对。

首先，把防疫放在第一位，把师生员工的生命安全和身体健康放在第一位，构建疫情防控体系。率先成立指挥部，迅速启动网上办公，发布通告和各类安民告示。接着以党组织为主体，以党员为先锋，以学院为基础，以部门、社区、志愿者为依托，推动全校范围内的防疫工作，构建起涵盖全体师生员工、衔接校内校外的防控体系。

其次，迅速启动线上教学，构建线上教学体系。按照校历规定的开学时间按时开学，实行灵活的网上教学。截至6月初，全校已陆续开展在线教学1293门课程，课堂3362个，开课率达到99.1%，参与的任课教师1394人，参与学习的学生14901人。

再次，迅速启动网上学生工作，构建线上学生思想政治工作体系。在网上全面推进理想教育、生命教育、责任教育、忧患教育。这些结合疫情开展的教育活动，把疫情变成了一个加大对学生进行爱国主义、环境保护、社会责任等思想素养和人文素质教育的机会。

通过上述三个方面的应对以及三大体系的构建，学校抗"疫"斗争取得了决定性的成效。疫情给教学和管理秩序带来的冲击得到有效缓解，学校各项工作有序推进，师生员工的生活秩序井然。学校师生员工的心理经过深度调适，逐步回归常态。学校疫情的科学防控，志愿者校友的大爱风范和校友、校董以及社会各界的无私帮助，增强了广大师生员工的凝聚力和归属感，增强了教师的使命感、责任感。

二、名师名家

章开沅

南湖水畔，桂子山头，有这样一位可爱的学者，年轻的时候，他怀揣着文学家梦想却进了史学研究的大门；中年的时候，他醉心于学问却被推选为校长从事行政工作；退休之后，他又把工作和学问研究当作休息，他就是中国近代史研究领域的大家、深受一代又一代华师学子敬仰和喜爱的章开沅先生。

章开沅曾言："我一生在学术上做了两件事。一是把中国的辛亥革命史研究推向世界，并把国外的研究引入到中国；二是让国际教会大学史研究走进中国，又让中国的研究走向世界。"

章开沅（1926— ），祖籍浙江省湖州市，生于安徽省芜湖市，历史学家、教育家。

1954年，一位德国学者来到武汉调研武昌首义，这位德国学者的治学精神打动了章开沅，此后，他将主要精力投入辛亥革命史的研究，并以此为突破，迈入了中国近代史研究的广阔天地。1961年，他参加了纪念辛亥革命50周年学术讨论会，在会上提交的2篇论文受到了吴玉章、范文澜等学术前辈的赞赏。1976年，章开沅受人民出版社之约，组织成立了辛亥革命史写作组。他与林增平等历时4年，终于在1981年主编出版了《辛亥革命史》（三卷本）。这是世界上第一部研究辛亥革命的通史性、综合性的学术专著，被史学界称为"最能体现目前中国辛亥革命研究的观点、方法、水平"的权威性著作。

随后，他出版了《辛亥革命与近代社会》《辛亥革命前后史事论丛》等专著，主编了《辛亥革命辞典》《辛亥革命史丛刊》《辛亥革命人物文集丛书》等著作，均产生了广泛的影响。他以其大度和大气的治学，远大和高深的立意，上下延伸，横向会通，承前启后，沟通中外，从辛亥革命史研究到近代社会群体研究，被国际史学界公认为"辛亥革命研究的学术带头人"。

中国教会大学史研究也是章开沅开拓的一个新领域。20世纪90年代初，他在美国接触到大量教会大学档案，1994年回国后即筹组中国教会大学史研究中心，并召开了中国首届教会大学史研讨会。之后，他发起组织了多次国际学术研讨会，创建了相关的研究机构，组建了学术队伍，主编了《中西文化与教会大学》《文化传播与教会大学》等学术著作及"中国教会大学史研究丛书""基督教与中国文化丛刊"等书系，出版了《传播与植根——基督教与中西文化交流论集》等学术专著，将中国教会大学史研究引向深入。

一段时期以来，日本右翼势力否认历史的言论和行动不断升级，关于抗日战争尤其是南京大屠杀的研究受到广泛关注。章开沅认识到，对抗日战争史的研究只有深入发掘史料，找到更多日本侵华的罪证，才能揭示出历史真相，侵略者的罪行才能得到清算。于是，他开始搜集其在金陵大学读书时的美籍教师贝德士的文献，并将文献中有关日军南京大屠杀的内容写成《南京大屠杀的历史见证》一书并于1995年出版。该书详尽地揭露了日军在南京所犯下的滔天罪行，有力驳斥了日本右翼分子掩盖历史的谎言。之后，他又相继出版了《南京：一九三七年十一月至一九三八年五月》《天理难容——美国传教士眼中的南京大屠杀(1937—1938)》《从耶鲁到东京——为南京大屠杀取证》等著作。这些著作的出版，不仅引起了学界的重视，而且引起了社会的强烈反响。对南京大屠杀的研究使章先生在古稀之年又迎来了一个学术上的高峰。2015 年，华中师范大学出版社集中推出了 11 卷本 460 万字的《章开沅文集》。

2010 年章开沅获评首批"荆楚社科名家"。2018 年章开沅获颁第七届吴玉章人文社会科学终身成就奖。

  章开沅不仅是一位史学家，还是一位教育家。章先生说，他和陶行知先生都在安徽成长，且同为金陵大学的校友，他从小就听说过很多关于陶先生的事迹。陶行知无私奉献的办学精神和开拓创新的教育理念，一直激励着章先生毕生从事教育工作。

  章开沅说，时至今日，很多教育课题需要重新研究，技术革命、教育信息化和国际化的确带来了很多好处，但是它们代替不了教化，代替不了老师与学生之间的交流与心灵的感应。章先生呼吁：不要过分迷信工业化与信息化，把人当成生产流程来培养，现在人类文明危机的最大问题，就是把科技看成教育，是科技率着人走而不是人拉着科技走。章先生认为，在道德引导上要恢复人性。他提倡人性需要沟通，提倡再次的启蒙运动、再次的伦理发现。

  章开沅曾形象地把自己比喻为一只忙忙碌碌的老鸡，成天到处啄啄扒扒，如发现什么谷粒、昆虫之类，便招呼小鸡来"会餐"。他的好多弟子就是在他那里"会餐"之后醍醐灌顶，进入学术佳境。章先生常说："历史是已经画上句号的过去，史学是永无止境的远航。"这既是他自身学术生涯的写照，也是激励青年学者扬帆远航、直济沧海的座右铭。

张景龄

张景龄(1927—1993),湖北武汉人,化学家、教育家。

2017 年 7 月 15 日,华中师范大学化学系 1987 级一百多名校友共同捐资铸造的张景龄先生铜像揭幕,铜像立于学校新化学楼一楼大堂最醒目的位置。对于化学学院师生而言,张景龄的治学与为人是他们永远的骄傲;对于华中师范大学而言,张景龄亦是铭刻于校史并为华师人纪念与学习的榜样。

谈起华中师范大学农药化学研究所,谈到我国的有机磷化学和农药学,人们必然会提起张景龄。张景龄 1927 年出生于湖北省武汉市,1951 年毕业于私立华中大学化学系,1959 年被公派至苏联喀山基洛夫化工学院学习,1962 年获理学副博士学位。回国后,张景龄一直在华中师范学院从事农药学、化学教育和科学研究工作,先后任华中师范学院副院长及农药化学研究所所长、名誉所长等职。

在学术上,张景龄的勤奋好学与踏实肯干实为后人楷模。他为了得到一线最真实的实验数据,总会亲自带领同事深入农科院一线,与农工一起喷药,观察实验结果。炎炎酷暑,他头顶骄阳,脚踏泥土,即使汗流浃背,也要一遍遍地趴在棉花地里用放大镜细数喷药后红蜘蛛死活的情况,数不准决不罢休。为追赶科研进程,张景龄还曾将研究基地搬到了就近的一家化工厂,那里的环境和防毒设备十分简陋,但他身先士卒,奋不顾身，常因中毒而病倒。

张景龄从未放松过对自己的要求。近60岁时，他还总向青年教师和学生请教波谱学、计算机、统计学、优选法、正交设计这些新学问。他坚持学习英语、德语、日语，虽曾留学苏联，但为了进一步提高外语水平，60岁的他还常请俄语教师到家中对话，练习口语。为了一心从事钟爱的教学、科研工作，他毅然辞去担任的华中师范学院副院长职务。

正因如此，张景龄在学术上取得了极高的成就，也为我国的农业生产作出了很大贡献。在理论研究上，他先后在中外学术刊物上发表一百余篇论文，出版《有机反应活性中间体》等学术专著。由于他在有机磷化学研究方面成果突出，从1982年起连续应邀参加了国际磷化学学术讨论会，在第十届国际磷化学学术讨论会上还担任了助理主席。

张景龄研制开发出的新农药"水胺硫磷"，先后在全国二十多家农药厂实现了产业化，创造了十分显著的经济效益和社会效益。1978年，这项成果获得了全国科学大会奖。随后，他又成功研制出土壤杀虫剂甲基异柳磷、乙基异柳磷。为将科研成果转化为生产力，他积极协助一些化工厂进行甲基异柳磷等科研成果的转化，使一些面临倒闭的工厂（如仙桃市第一化工厂）绝处逢生，使沙市农药厂一跃成为全国十大农药厂之一。这为华中师范大学从"一所一厂"到"一校一市"合作发展模式奠定了基础。

科研之外，张景龄从未放松过自己作为一名教师的责任。他任教几十年，为国家培养了一批又一批高层次的教学科技人才。自1978年招收研究生以来，他始终坚持亲自为研究生授课，亲自指导研究生的论文。张先生备课十分认真，教学内容与时俱进，总是根据学科的最新发展和自己的科研项目不断修改课程内容。

担任华中师范学院领导职务后，他更严于律己。出国参加国际会议时，他总会提醒自己与同行的人，要在外国友人面前树立祖国和中国人良好的形象。

张景龄总想着为国家节约开支。他于1956—1962年被公派至苏联留学，六年中，为节省国家开支，没有参加任何旅游，也没有回过一次家，甚至连毕业后归国的路费，都是平日生活的结余。1981年他赴美参加国际磷化学大会，把节约下来的877.19美元余款全部交还给国家，这在当时是一笔不小的数目。

在几十年的科教生涯中，张景龄坚守党性原则，为我国的农业发展作出了巨大贡献，培养了大批青年教师和优秀学生，获得数项国家级奖项和荣誉。直到他逝世为止，先生从未停止过教学和研究工作，真正是鞠躬尽瘁，死而后已。

刘连寿

刘连寿先生是我国著名物理学家、首届全国高校教学名师，也是华中师范大学粒子物理研究所、理论物理国家重点学科物理学一级博士学位授予点和博士后流动站的奠基人。

1952年从华中大学物理系毕业后，刘连寿赴苏联留学，60年代中期又以在职研究生的身份进入北京大学攻读硕士学位，师

刘连寿(1932—2009)，湖北武汉人，物理学家。

从我国理论物理奠基人之一的胡宁教授。学成以后，他积极投身理论物理研究领域，为我国的高能物理事业作出了贡献。刘连寿少年时即对科学思维方法产生了浓厚的兴趣，一次他无意中发现了《高等数学分析》一书，其严谨的科学逻辑吸引了年少的刘连寿，他对科学研究一往情深，以后在物理科学的道路上一往无前。刘连寿五十多岁时开始自学计算机、英文、德文，只要是跟物理有关，对物理有帮助的，他都会去学。正因如此，他的物理研究才能够集国内外物理研究之长，为国内外学者称道。由他编写的《理论物理基础教程》一书就吸收了苏联物理学家朗道的研究方法，成为我国基础理论物理学研究的经典教材，在国际物理学领域也深受欢迎。

在物理学研究的道路上，艰难是难免的，耗费的精力也是难以想象的。每一个难题，都要通过大量的推理、运算、实验去求解，他经常几个月甚至一整年或数年都在一个问题上反复斟酌，终日待在实验室，与枯燥的数据打交道。刘连寿牺牲了很多与家人团聚的时间，甚至生病住院了，他也随身携带一本书或一篇论文，在医院独自钻研。1982—1983年，刘连寿在柏林自由大学与孟大中教授合作，提出了著名的"三火球"模型，成功地解释了西欧核子中心当时发现的复杂现象，被国内外同行广泛引用并称为"刘-孟"模型。从最初创建高能核乳胶实验室,加入 EMU01 国际实验合作组,到参加 RHIC.STAR 实验合作组和 LHC.ALICE 实验合作组,刘连寿参与并提携年轻学者加入国际实验物理研究的主流,形成了可持续发展的格局,使华中师范大学物理系逐步走上国际舞台,在国际物理研究前沿领域占有一席之地。

从教五十多年,刘连寿始终以严谨的治学和无私的提携影响着每一届学生。谈起恩师,学生们常说,先生对待学术严谨认真,惜时如金。每当科研讨论时,先生总会提前 20~30 分钟到,讨论时也从来不说题外话,效率很高,在他的影响下,学生们也养成了守时惜时的好习惯。他对学生说:"每一天,每一分钟,都是自己人生的一部分,不能让它白白过去,要做出一点有意义的事。"他晚年因身体原因无法去课堂上课,便在自家客厅布置了一个小型教室,还安装了多媒体投影仪,让学生们坐在沙发上听讲讨论。病重住院期间,他仍然让学生到自己的病房来汇报科研成果,在病房指导学生的论文和课题组的研究。他对学生的爱就是倾其一生而无悔,直到自己殚精竭虑。

邢福义

行走在美丽的桂子山上,漫步在幽幽的桂北路,每至黄昏,你总会看到一位精神矍铄的老人在路上缓缓踱步。熟悉的人都知道,这是邢福义先生在准点户外活动了。

邢福义先生,华中师范大学资深教授,华中师范大学学术委员会主

邢福义(1935—   ),海南乐东人,语言学家、资深教授。

任,教育部社会科学委员会委员,国家哲学社会研究规划语言学科组副组长。主要研究领域为现代汉语语法学、逻辑、修辞、文化语言学、计算语言学等,被学界称为"20世纪现代汉语语法八大家"之一,与北京大学的陆俭明先生并称为"南邢北陆"。

1935年,邢福义出生在海南乐东黎族自治县黄流镇,3岁时他的祖父教他认字,10岁上学,因作文写得好,便直接跳级读四年级。在琼台师范读音体专师班时,他立志成为画家。到华中师范学院中文系读中文专修科时,他立志成为作家。后来毕业留校,在中文系担任现代汉语专业助教,他立志成为汉语语法学家。

只有大专学历的他深知,在大学任教,如果学业不精,随时都有可能被淘汰,他更知道,学术要靠刻苦努力方能有所精进。自1956年至1965年,整整十年,《中国语文》上每发表一篇重要的语法论文,他都要潜心研读,在无言中求教于众多学者,一只眼睛用来看懂文章的表面、正面和一行行文字,另一只眼睛用来探视文章的背面、反面和字里行间隐藏着的奥秘。1957年,他年仅22岁,便在《中国语文》上发表了第一篇文章。至1966年"文革"前《中国语文》停刊,他在《中国语文》上连续发表了7篇论文。

邢福义既强调"研究植根于汉语泥土,理论生发于汉语事实",又强调独创性的研究,他创造性地将逻辑学运用到语法研究中,创建了一系列富有中国特色的语言学理论,其主体理论架构由小句中枢说、"两个三角"理论及句管控构成。

2017年,邢福义的代表作《汉语语法学》(英译本)由英国卢德里奇出版社出版,在世界范围内发行。俄罗斯圣彼得堡大学出版社已表示将出版俄文译本,韩国中国语教育学会会长、延世大学金铉哲教授也准备将其译成韩文出版。

邢福义始终把"抬头是山,路在脚下"视作座右铭。他说,做学问,眼里要有山。那山顶没有峨眉佛影、昆仑雪莲、武当金顶、黄山奇雾,却有科学的圣光。研究者应抬头看山,更要不停地迈动双脚。学术研究没有现成的路,必须脑指挥脚,眼引导脚,手帮助脚,靠着坚忍不拔的意志披荆斩棘,越涧攀壁,一步步地往前跨越。

> 治学数十年来,邢福义没有休息日,没有寒暑假,每天严格遵守作息规律,从不到外面吃饭应酬,把分分秒秒都用于自己的学术事业。

1994年3月中旬,邢福义应东北师范大学出版社之约,撰写《汉语语法学》。出版社规定的交稿时期为26个月,自答应撰稿后,他就在书桌前放上一个小台历,规定自己每天必须写一千字。哪天没写,他就在小台历上打个圈圈,规定自己第二天一定得补上。当时,邢福义是全国政协委员和国家社科基金评审组成员,每年要到北京参加全国政协会议,还要参加国家社科基金课题评审,时间非常紧张,即便如此,他依然坚持完成既定任务。

有一次,班机晚点了,他把行李往地下一放,就在喧嚣杂乱的机场大厅里开始补起开会期间落下的任务。8个小时的等待中，他竟补上了3天的任务。就是靠着这种钉子精神，他提前半年完成了书稿。到目前为止，邢福义先后承担了多项国家课题，发表文章500来篇，出版著作50余部，其中个人独著21部。

可是，谁又能想到，这样一位学术成果丰硕的老教授，竟在做学术的同时还要照顾瘫痪在床的夫人长达十六年。1997年除夕，一场突如其来的变故发生了，邢福义的夫人突然中风瘫痪，当时他已年过六十，子女又都在国外。平时都是夫人照顾他，现在他要照顾夫人，怎么办？面对这种情况，他选择了"两不误"：既照顾好夫人，又在护理之余抓紧一切时间坚持学术研究。就这样，整整十六年，直到夫人2012年去世。

不只是对待亲人，对学生，邢先生也始终充满关爱，他认为，"一个好的大学教师一方面是个好学者，另一方面又必须是个好长者"。他对每个学生都像父亲对自己子女一样地呵护，无论学习、工作还是生活，都无微不至。

2010年，邢福义获评首批"荆楚社科名家"。

2018年，邢福义的《寄父家书》由商务印书馆出版，该书收录了邢福义先生1955年至1991年间寄给父亲的两百多封书信。这些书信记录了邢先生的治学和人生经历，勾勒了邢先生从青年学子到语言学家的成长之路，还反映了邢先生的父子之情、兄弟之情、师生之情、亲友之情，展现出邢先生鲜活的风雨人生与家国情怀。

如果有一天，你恰好碰到了在桂子山北麓散步的邢福义先生，请不要打扰他。当他从你身边缓缓经过后,你可以驻足,默默看着他的背影,看着他一步一步地向前走去,这时,你的耳畔会响起先生经常说的那句话:"抬头是山,路在脚下。"

三、风物逸事

(一) 邓小平题写校名

1985年是华中师范大学发展史上值得铭记的年份。8月,学校正式更名为"华中师范大学"。11月20日,82岁高龄的邓小平同志为学校题写了校名。邓小平同志为高校题写校名不多,那他为什么要为华中师范大学题写校名呢?

1984年初,当时的国家教委根据中共中央宣传部的指示,决定编写《中原大学校史》。由于中原大学在中国教育史、革命史上具有重要的地位,国家教委非常重视。考虑到当时中原大学教育学院是华中师范大学前身之一,中原大学有一批老干部、老专家仍在该校发挥余热,国家教委主张《中原大学校史》由华中师范大学组织编写。3月26日,国家教委发出《关于编写〈中原大学校史〉的通知》,《通知》明确指出,"建议由华中师范大学陶军顾问担任主编,在编委会和所在学校党委领导下对全书的编选和定稿工作全权负责,同时接受省市教育行政部门的指导"。国家教委点名让从学校领导岗位上退居二线的陶军教授负责这个任务,是因为陶军教授早年就读于燕京大学,后又在中原解放区和中原大学工作。在华中师范学院工作期间,他于1981年至1983年任我国驻联合国教科文组织副代表,是公认的马克思主义哲学家和国际问题研究专家。因此,由他来承担这个任务确为不二人选。陶军教授接受这个任务后高度重视,他"点将"当时学报编辑部的宋才发和教务处的张启社等与他一起组成编写组。

编写组成立后,马上进行前期的收集资料和采访工作,他们北上南下,走访了大量在中原解放区和中原大学工作、学习过的老同志,如赵毅敏、熊复、杜润生等，翻阅了大量历史档案，初稿完成后又反复修改，两易其稿。1985年6月受学校指派，宋才发、张启社二位老师将《中原大学校史》定稿送到北京，请邓小平同志审阅。由于中原大学是邓小平同志在1948年同刘伯承、陈毅等一起创办的，也是他一生中唯一参与创办的一所革命大学，他与中原大学的感情非常深厚。所以，邓小平很快看完了书稿，他认为，书稿写得不错，可以出版。他还认为，这部书不仅是一部校史，更是我党我军在解放战争和新中国成立初期一个重要的侧面反映。他还就该书的照片的选用提出了具体意见，建议选用1984年长城出版社出版的《中国人民解放军历史资料图集》中的照片。

1985年8月15日，华中师范大学党委、校行政负责人听取宋才发老师关于《中原大学校史》编写工作的汇报以及邓小平同志对出版该书的意见。在听取了宋老师的汇报后，章开沅校长建议应该派人到北京去，争取邓小平同志为学校题写校名，章校长的建议得到与会者的一致赞同。7月16日，学校办公室草拟了《关于请中央顾问委员会主任邓小平同志题写"华中师范大学"校名的信》，在请示湖北省委、国家教委后，学校于8月24日正式行文。8月25日，宋才发老师代表学校一万余名师生的心愿赴北京，向中央办公厅、中央顾问委员会小平同志办公室呈递了学校的请求。参与过中原大学创办过程的一些老领导，如赵毅敏、熊复等也非常关心此事。但由于当时中央正筹备召开全国代表会议，题写校名一事暂时被搁置。中央办公厅、中央顾问委员会对此事也极为关注。中央秘书局、中央顾问委员会负责人分别接见了宋才发老师，邓小平同志的秘书还专门在电话中向宋才发

| 从昙华林到桂子山 |

华中师范大学

邓小平题写的学校校名

老师"透露"：小平同志最近很忙，放在他桌上的东西都没有翻动过。中央对小平、陈云、耀邦同志的题词、题签控制较紧。小平同志之前还没有为一所师范大学题写过校名。

当党的十二届四中全会和党的全国代表会议闭幕之后，1985年11月20日，邓小平同志再次翻看了《中原大学校史》书稿和华中师范大学请求题写校名的报告，他欣然挥毫写下了"华中师范大学"的竖式题书。中共中央办公厅秘书局于次日就邓小平同志题写"华中师范大学"校名发文："华师校长办公室：现将小平同志1985年11月20日为你们题写的'华中师范大学'送去，请查收。请不要发消息，不要登报宣扬。"并于23日专门送达湖北省委办公厅转我校党委办公室。

邓小平同志给华师题写校名了，喜讯很快传遍了学校的每个角落，师生都为此兴高采烈。但由于中央有要求，学校只得在校内学习宣传，让大家表达喜悦之情。11月30日，学校分别召开

了校领导、老同志代表、教职工代表、学生代表座谈会,大家都表示以小平同志题写校名为动力,继承革命传统,明确历史责任,万众一心,为把华师办成一流师范大学而努力奋斗。

(二) 首届文科博士学位论文答辩会

1981年12月5日,华中师范学院35名首届硕士研究生顺利毕业,自此,华中师范学院的研究生教育不断科学化,规模也在不断扩大。1986年3月12日,华中师范大学自建校以来的首场博士学位论文答辩会在乍暖还寒的桂子山上举行。

1986年的这场博士学位论文答辩会,不仅对华中师范大学,乃至对武汉其他高校而言都意义非凡。它不仅是华师历史上首届博士学位论文答辩会,也是武汉地区高校文科的第一次博士学位论文答辩会。此次答辩会是历史文献学博士学位论文答辩会,导师是著名历史学家、文献学家张舜徽教授,博士生周国林、张三夕为答辩人。

> 据周国林教授回忆,当时他们的论文其实早已完成,答辩会本可在1985年底举行,只因天气过于寒冷、保暖设备又落后,只好推迟到次年春天。这场博士学位论文答辩会得到了学校以及学界的高度重视,华师邀请到了著名学者何兹全担任答辩委员会主席,程千帆、张振珮、王仲荦、朱祖延、陈仲安等担任答辩委员。这些学者大多上了年纪,何兹全先生当时已经75岁,但他们都纷纷从北京、贵州等地远道赶来,由于通信条件有限,张舜徽教授还只能书信与他们沟通。除了这些学者,华师校长章开沅及副校长邓宗琦、顾问陶军等也参加了该答辩会。

为了保障这次答辩会顺利进行，此前学校还专门组织了预答辩会，邀请了武汉地区的相关学者前来指导，包括武汉大学、中南民族大学的教师等。通过预答辩会，两位博士生进一步打磨了论文。周国林为了写好《战国迄唐田租制度研究》，将新中国成立以来的相关论文全部阅完并提出了独到见解。张三夕的论文《批判史学的批判——刘知几及其〈史通〉研究》采用批评与考证相结合的方法，提出了一些新的观点。

博士学位论文答辩后师生合影

虽然是武汉地区的首场文科博士学位论文答辩会，但答辩会会场却是意外的"朴素"。它设在华师古色古香的一号教学楼二楼的一间普通教室里，会场布置也只是在移动黑板上写了一条标语："华中师范大学历史文献学博士学位论文答辩会"。标语下几行粉笔字："导师：张舜徽；答辩人：张三夕、周国林"。40平方米的教室里挤满了几十人，不只是被邀请的答辩导师，还有其他闻名而来的教师。他们认真地参与答辩，对张、周二人展开提问，毫不拘谨。"老师们兴致很高，整场答辩学术氛围很浓烈。"周国林回忆道。

答辩会整整进行了一天，上午是张三夕，下午为周国林。"尽管那天答辩比较顺利地过去了，但这是我人生中一段宝贵的经历，是人生的重要的转折阶段。"回忆起当天的经历，周国林这样总结。

也有亲历者回忆说："整个答辩过程，二人略有紧张，但总的来说，他们的答辩颇得专家好评。"最后答辩委员们举手表决，一致同意授予二人历史文献学博士学位。之后，他们也顺利拿到博士学位证书，张三夕的证号为华师001号，周国林的证号为华师002号。他们是新中国成立后华师的首届博士，也是武汉地区高校文科中的第一批博士。张、周二人取得博士学位时已年过三十，但在当时全国博士中还算年轻。那是一个博士还很稀罕的时代，当时全国的博士不超过1000人。

经过三十多年的发展，华师目前已拥有92个博士学位授权学科专业、178个硕士学位授权学科专业，在校博士、硕士研究生达11000多人。作为我校第一批博士毕业生，周国林说："我感到高兴和自豪，任何事物都有第一次。"他也异常怀念当时的读书氛围："那个时候的生活虽然清贫，但整个社会都有一种奋发向上的精神。当时的学生都非常珍惜学习机会，都很发奋，也希望现在的华师学子珍惜时光，多看书，多思考些问题。青年时代是一个人精力最充沛的时候，一定要把握好，否则后悔就来不及了！"

（三） 华师校庆日的确定

每年 10 月 2 日，华中师范大学广大师生和海内外校友都会以各种方式庆祝母校的生日。但华中师范大学历史特殊，是 20 世纪 50 年代初由几所学校的主体和几所学校的一些系科合并而成，她的发展和源头比较复杂。校庆日究竟应该以哪所学校的源头算起呢？这曾经是一个问号。

1992 年初，学校决定将校庆日的论证工作交由学校档案馆完成。华中师范大学档案馆的专家和工作人员为此查阅了大量的馆藏档案，收集整理了大量的相关资料，几经修改，最终完成了颇有说服力的论证报告，并于 1993 年春上报到当时的国家教委。1993 年 5 月 28 日，国家教委来电，拟请北京师范大学教育系郭齐家、华东师范大学教育系朱有瓛、东北师范大学教育系李桂林、中央教育科学研究所宋恩荣等中国近现代教育史

华中师范大学建校九十周年庆典大会

专家，以及熟悉学校历史演变的老同志参与再论证后报国家教委批准。学校对此高度重视，立即按国家教委的要求着手进一步论证工作。关于这次论证，华师校史上是这样记载的：首先学校召开了校内有关专家的论证会，副校长汪文汉，教育系教授任钟印、杨汉清、杨再隋，教育科学研究所教授杨葆焜、董宝良、萧宗六，历史研究所教授罗福惠等参加。校内专家一致认为，学校有关校庆日的论证材料是扎实、充分的，论点是正确的，论据是有说服力的。论证学校校庆日应掌握一个原则，即一看学校师资队伍来源；二看校产、校舍情况；三看当时学校领导人情况。根据这个原则，大家认为，1951年私立华中大学与中原大学教育学院合并，改为公立华中大学，其校址、师资、图书资料、仪器设备等均以华中大学为主，当时华中大学校长韦卓民先生被任命为改制委员会副主任委员（主任委员由当时的中南军政委员会教育部部长潘梓年兼任）。因此，华师虽由几所院校合并而成，但其主体应是华中大学。

  确立华中大学沿革这条主线后再溯其源头，专家们认为，华中大学是以文华大学为主体，于1924年创办的。文华大学的前身则是1871年10月2日成立的文华书院。1903年，文华书院成立正、备两馆，正馆为大学部，开始招收大专生，备馆为中学部。一种意见认为，将1903年文华书院正馆成立的年份，作为校庆起始年，是客观的；另一种意见认为，参照国内不少院校校庆日确定时间的依据，追根溯源，我校校庆日也可定为1871年10月2日，即文华书院创办时间。两种意见都认为确定1903年为校庆起始年是毫无疑义的，1871年10月2日作为学校源头也是清楚的。

与此同时，学校还根据国家教委的意见，专门邀请了中央教育科学研究所宋恩荣、北京师范大学教育系郭齐家、东北师范大学教育系李桂林等校外专家进行论证。宋恩荣教授认为：校史、校庆是个很严肃的问题，追溯源头要实事求是，对历史敏感问题也不要回避。他认为：(1) 按约定俗成算法追溯源头，1871年成立的文华书院是源头，作为校庆起始年是可以承认的，因为中国近代教育的发展过程是由低往高、由浅到深的。（2）以办学层次发展到高等教育画一条线，1903年文华书院成立大学部作为校庆日则更为恰当。郭齐家教授认为，华中师范大学档案馆关于"华中师范大学校庆日的确定论证材料"是可靠的、充足的，论证是严密的、可信的，态度是严肃的、认真的，程序是完备的、慎重的。（3）华中师范大学的前身是在以华中大学为主体的基础上，与中原、中华等大学合并组建起来的，从其校名、校长、校址、校舍、校产、师资等方面，充分说明了是以华中大学为主体的客观事实。（4）华中大学又是在文华大学的基础上于1924年建立和发展起来的。文华大学的前身则是1871年10月2日正式成立的文华寄宿学校。（5）1903年文华学校大学部建立，开始具有大学的性质。从办学层次上考虑，其大学性质的源头定为1903年是恰当的。李桂林教授认为，华中师范大学是由华中大学、中原大学教育学院等校合并组建的，从提供的资料看，其主体应该是华中大学，因为其校址、校舍、校产、师资等办学必备的基础条件均属华中大学。据此，华中师范大学的校庆日应该从华中大学校史上选定是毫无疑问的。

综合校内外专家的论证意见,学校认为,考虑到学校办学层次性质的发展,确定1903年10月2日为我校的校庆日是符合客观史实的。至此,长期以来悬而未决的学校"生日"问题画上了圆满的句号。

(四)万人唱《黄河大合唱》

1999年12月28日,在人类即将跨入新世纪的前夕,华中师范大学一万余名师生在学校露天电影场举行"纪念《黄河大合唱》六十周年暨迎新世纪万人演唱会"。是夜,学校电影场被打扮一新,彩旗飘飘,火树银花。"百年学府千禧鼓角赋长征,一曲黄河万里波涛抒壮志","昭回云汉喜迎世纪曙光,激荡风霆高歌中华正气"的大幅对联在华灯照耀下非常醒目。一万余名师生统一着装,整齐列队步入电影场。

演出开始前,大屏幕投影播放了《黄河大合唱》词作者、86岁老校友光未然的讲话,他赞扬母校举办这次活动的意义,虽然身体原因不能亲自

万人唱《黄河大合唱》演出舞台

参加，但他祝福演出成功，祝福母校发展壮大。晚7时30分，路钢校长做了热情洋溢的致辞，他说，《黄河大合唱》是中华民族的颂歌，是英雄时代的史诗，是百年学府的骄傲！随后演出正式开始，首先由华师音乐系师生与湖北省歌舞剧院共同演绎《黄河大合唱》。激情澎湃的歌词，时而低沉婉转，时而慷慨激昂的旋律，师生仿佛已身临其境，很多师生合着节拍已是热泪盈眶。演出由著名指挥家严良堃、王秀峰和华师音乐系主任田晓宝分别指挥。随后，在他们的分别指挥下，一万余名师生全体起立，手挽手一齐高唱了《中华人民共和国国歌》《黄河大合唱》《同一首歌》，歌声响彻了整个桂子山。音乐会结束后，被激情燃烧的师生久久不愿离去，他们情不自禁地高唱《歌唱祖国》，摘下衣服上的布帽尽情挥舞。

人类即将迈入新世纪，机遇和挑战并存，世纪之交的高等教育，面临社会经济发展和科学技术发展的严峻挑战，国际竞争日

激情澎湃的万余师生

益加剧的实质就是智力和人才的竞争，归根结底也是教育的竞争。"如何面对挑战和竞争，把一个什么样的华中师范大学带入21世纪？"自1998年3月起，学校在全校范围内进行了为期一年的教育思想大讨论。大讨论统一了师生思想，提高了师生认识。那么，在即将步入新世纪门槛，迎接新世纪曙光的时刻，用一个什么样的活动来激发师生热情？时任校长路钢提议举办一场声势浩大的"万人唱《黄河大合唱》"活动，一则《黄河大合唱》是20世纪的经典，是中国人民奋力抗争、不屈不挠的象征，1999年正好是《黄河大合唱》发表60周年；二来《黄河大合唱》的词作者光未然先生又是华师的前辈校友，我们纪念《黄河大合唱》、传唱《黄河大合唱》，一定能进一步激发师生爱国荣校的激情。他的提议得到全体校领导的一致赞同。1999年11月初，学校成立了以党委副书记翟天山为组长的活动筹备工作组。筹备工作组各分组紧急行动起来，昼夜工作。1999年12月28日夜晚，华中师范大学再现了激情洋溢的《黄河大合唱》全曲9个乐章。

"万人唱《黄河大合唱》"活动取得了巨大的成功，中央、地方数家媒体进行了聚焦，中央电视台文艺频道也在新年到来的时候进行了两次播放，很多校友从四面八方或打电话或写信表达对母校举办这样的活动的崇高敬意。不少人提起1999年12月28日的激情之夜，还不禁啧啧回味。

那么，在这样富有历史意义的时刻举办《黄河大合唱》这样一场音乐盛宴，究竟有什么现实意义呢？当年音乐晚会筹备组组长、党委副书记翟天山说："……为把一个充满生机和活力的华中师大带入21世纪，我们必须不断增强学校的综合实力，做到物质文明建设和精神文明建设齐头并

学校聘任光未然先生为特聘教授

进，在为经济建设、教育创新及社会发展中树立一个学校的良好形象。作为一个学校精神形象的建设，开展纪念《黄河大合唱》音乐会是一个标志性的起点。我们应当努力做到优秀传统文化在现实生活中艺术价值的再现，革命文化和革命精神同时代文化和时代精神的感召，一句话，就是把体现华师精神的文艺活动融入'民族的、科学的、大众的'文化建设之中，才能提高华师精神形象的格调和感染力。"他还说："绝大多数海外华人和国内人士，总会对两个地方深有感情，一就是祖国，二就是母校。而纪念《黄河大合唱》大型音乐会正体现了两者的完美结合。作为一个民族的繁荣昌盛，作为一个学校的兴旺发达，都需要有强大的精神动力作支

柱。从这个意义上讲，我们更需要强大的民族精神凝聚力。"

（五）百年校庆

2003年是华中师范大学百年校庆年，尽管春天突如其来的一场"非典"给人们心头蒙上了一层阴影，但这并没有丝毫减弱华师人迎接学校百年华诞的热情和为庆典而进行的各项筹备工作。

这年春季一开学，学校即开始准备百年华诞庆典和校庆文艺晚会。之后，校庆活动各组织机构成立，热烈、隆重、俭朴的迎庆典活动及相关学术活动也相继在桂子山上举行，这是庆典大会之前的序曲。学校认为，10月的庆典活动是百年校庆活动的高潮，而校庆的主要目的是进一步调动全校师生员工和广大校友的积极性，增强学校的凝聚力和向心力，推动工作，促进发展。回顾总结学校百年办学历程，特别是改革开放20多年的经验，总结大学文化，提炼华师精神，拓展办学思路，特别要以百年校庆为契机，调动广大师生积极性，以更大成绩向华师百年献礼，让学校进一步走向世界，提高学校的知名度、美誉度，增强学校的文化软实力。为迎接百年庆典的基础建设工程和校园美化工程在加快步伐进行，体育馆、文科楼、理科楼、学术交流中心、西区学生公寓在这年暑假都已完工并在进行装修。校庆倒计时牌在图书馆前每天提醒师生。校庆丛书也在紧张的编写之中，校庆标识、校庆纪念品等在秋季开学之时都已完成，学校校报、网络、广播、电视等各媒体积极营造、烘托百年庆典文化环境,各种学术活动和庆祝活动在浓郁的学术氛围和欢庆喜气中次第开展。

对"华师精神"的概括和提炼是迎接百年校庆的一个重头戏。其实,早在2001年学校就开始进行"华师精神"的讨论,老教授、新学子纷纷发表自己的看法和理解。这次,学校更是召开了多个层次的座谈会,很多专家提出了精辟的见解。大家认为,华师精神是学校百年传统、百年文化的传承和体现,也是今后指导华师前进方向的路标。对其表达和概括要有学校的特色和个性,要符合华师的历史和现实,要能总结过去,激励后来,要体现人文精神、自强精神和"德、博、实、爱"的精神。2003年9月新生开学典礼,校长马敏在讲话中将华师精神概括为"忠诚博雅,朴实刚毅"。他说,华师新时期的校训"求实创新,立德树人"和凝聚在其中的"忠诚博雅,朴实刚毅"的文化精神,是百年华师的文化积淀,反映了华师人在价值取向、思维方式和行为规范上独特的团体意识和精神风貌,

百年校庆庆典大会会场

同时这种精神又是对传统的升华。马敏对华师精神的概括和诠释得到了广大师生的认同。大家认为，立足于知识经济时代大学面对的挑战，这种概括和诠释是一种新观念的扩充并丰富了华师精神的内涵，是学校在继承和发展上的辩证统一，有利于促进新时期大学追求博爱、崇尚科学真理、倡导批判创新、增强社会责任的文化自觉意识。因此，在百年校庆前夕，"忠诚博雅，朴实刚毅"被确定为华师精神。

庆典前夕，许嘉璐、万国权、韩启德、费孝通、张万年、陈至立、陈佳洱、朱开轩等先后给华师发来了贺信，清华大学、北京大学、北京师范大学、复旦大学等高校以及国外名校耶鲁大学等发来了贺电。

2003年10月8日，桂子山披上了节日的盛装，校园里处处洋溢着欢声笑语。新落成的佑铭体育馆即将见证庄严神圣的时刻。上午9时，来自海内外的1000余名各界人士和4000余名师生、校友代表出席华中师范大

老校长章开沅在晚会上高呼"华师万岁"，把晚会推向了高潮，高举的火炬象征着百年华师精神薪火相传，生生不息

学 100 周年隆重庆典。庆典大会由校党委书记丁烈云主持，校长马敏作了题为《弘扬华师精神，再创世纪辉煌》的讲话，教育部副部长张保庆代表教育部，湖北省副省长辜胜阻代表湖北省政府，校友代表、全国政协原副主席万国权，兄弟院校代表、武汉大学校长刘经南，国外大学代表、新西兰怀卡托大学校长顾德先后致辞，对华中师大百年华诞表示衷心祝贺。教师代表、文学院资深教授邢福义，学生代表、校学生会主席邓亮讲话表示，面对新的世纪，华师人将奋斗不息，再立新功。

让华师人心潮澎湃的除了上午的庆典大会，还有晚上的校庆文艺晚会。晚会于晚七点半开始，校体育场华灯璀璨，流光溢彩。歌声、掌声响彻桂子山。整台晚会编排颇具匠心，用"华师事，华师人"连串整套节目，由华师演艺界的知名校友和华师师生共同演绎，令人亲切，使人振奋。校友、曲艺家夏雨田带病演出了他在华师读书时的处女作，校友、曲艺家冯巩带上了他专门创作的段子《华师，你好》，校友、著名歌唱演员黄华丽满怀深情地演唱了《报答》，音乐系女生小合唱《南湖秋月》，歌词温婉亲切，旋律迷幻动人，现已成为华师校园的保留歌曲，久唱不衰。老校长章开沅讲述了自己的人生经历，他满怀深情地振臂高呼"华师永生！华师万岁！"把观众的情绪推向了高潮，也成为第二天湖北多家报纸的头条新闻并配大幅彩照。整台晚会由中央电视台著名主持人周涛、朱军和湖北电视台主持人官琳、姜剑主持，歌唱家阎维文、艾敬也献上了他们精彩的节目。

晚会结束后，许多人久久不愿离去，那晚，桂子山未眠。

参考文献

[1] 柯约翰. 华中大学 [M]. 马敏, 叶桦, 译. 武汉：华中师范大学出版社, 2003.

[2] 陶军, 宋才发, 张启社. 中原大学校史 [M]. 武汉：华中师范大学出版社, 2003.

[3] 马敏, 汪文汉. 百年校史：1903年—2003年 [M]. 武汉：华中师范大学出版社, 2003.

[4] 马敏, 黄晓玫, 汪文汉. 华中师范大学校史 [M]. 武汉：华中师范大学出版社, 2013.

[5] 董中锋. 华大精神与人文底蕴：学人·学术·学养 [M]. 武汉：华中师范大学出版社, 2013.

[6] 周挥辉. 百年华大与百年记忆：掌故·逸事·风物 [M]. 武汉：华中师范大学出版社, 2013.

[7] 张安明, 刘祖芬. 百年老照片 [M]. 武汉：华中师范大学出版社, 2003.

[8] 湖北省社会科学界联合会. 荆楚社科名家：第一卷 [M]. 武汉：

湖北人民出版社,2014.

[9] 李良明.论恽代英在中华大学的教育理论与实践[J].华中师范大学学报(人文社会科学版),2003(4):13-17.

[10] 谭元亨.哲人、报人、完人:潘梓年[J].书城,1995(5):12-14.

[11] 杨慎之.杨东莼传略(下)[J].广西师范大学学报(哲学社会科学版),1991(4):91-96.

[12] 邢福义.看得懂,信得过,用得上:谈谈学风和文风的"九字诀"[N].光明日报,2017-11-05(12).

后 记

望历史，看今朝，展未来，以史励志，正是我们编写这本书的初心。

兼顾简明与可读，我们在编写的过程中：一是注重了继承性，在尊重史实的基础上弘扬优良传统，重点记录了学校的发展历程、办学特色和人文精神；二是注重了激励性，意在激励广大学子爱校爱国，在新时代不忘初心，努力学习。

本书以华中师范大学的历史发展为线索，在历史概览的基础上，选取了每一个历史时期具有代表性的名师名家和风物逸事进行介绍，力求在呈现华中师范大学历史脉络的同时，让学校精神更加饱满。

需要说明的是，本书是在2018年、2019年、2020年出版的华中师范大学校史简明读本的基础上重新修订的，本次修订，学校党委书记赵凌云教授亲自指导并作序，新闻传播学院的周挥辉、董中锋教授指导并审稿，青年教师薛平军、曾艳、叶雷、夏守信、杨青松、曾艳梅等编写。

编写过程中，书中的一些章节还得到李盛彪、付海晏、罗进军、施梳苏等老师的指点，张景龄先生的夫人汪义慰老师也提供了珍贵的资料，本次修订过程中，责任编辑易雯、张华从形式、内容等方面都给出了不少建

后　记

设性的意见。

本书参考了专家、校友的大量有关著作和文章，其中可能有些未在参考文献中一一列出，我们在诚挚表达谢意的同时，也诚恳地表示歉意。

由于编写人员水平有限，书中难免有诸多疏漏与不当之处，敬请读者批评指正。

编写组

2021 年 7 月

图书在版编目（CIP）数据

从昙华林到桂子山：华中师范大学校史简明读本 / 赵凌云主编.
—武汉：华中师范大学出版社，2020.9（2021.9重印）
ISBN 978-7-5622-9128-2

Ⅰ.①从⋯ Ⅱ.①赵⋯ Ⅲ.①华中师范大学-校史 Ⅳ.①G659.286.31

中国版本图书馆CIP数据核字(2020)第168364号

从昙华林到桂子山——华中师范大学校史简明读本 © 赵凌云 主编

编 辑 室：第一分社	电　　话：027-67867317
责任编辑：易　雯　张　华	责任校对：肖绪旭　　　　封面设计：新视点
出版发行：华中师范大学出版社有限责任公司	
社　　址：湖北省武汉市珞喻路152号	邮　编：430079
销售电话：027-67863426/67863280（发行部）　027-67863291（传真）	
网　　址：http://press.ccnu.edu.cn	电子信箱：press@mail.ccnu.edu.cn
印　　刷：湖北新华印务有限公司	督　印：刘　敏
开　　本：710mm×1000mm　1/16	印　张：12
字　　数：150千字	定　价：36.80元
版　　次：2020年 9 月第 1 版	印　次：2021年 9 月第 3 次印刷

敬告读者：欢迎举报盗版，请打举报电话027-67867353